梦山书系

幼儿园保教质量监控指导手册

新版修订

厦门市教育科学研究院基教室　编

蔡蔚文　主编

海峡出版发行集团 THE STRAITS PUBLISHING & DISTRIBUTING GROUP | 福建教育出版社

《幼儿园保教质量监控指导手册》编委会

主　编　蔡蔚文

副主编　沈　雯　杨冬梅

编　委（按姓名音序排列）

蔡蔚文	陈晓娟	丁　丽	杜雪鹰	郭阿苏
黄　芳	黄菊芳	黄淑真	江旭琳	连　平
梁媛玲	林阿虹	林碧玲	林碧磢	林　卉
林　鹭	林　杨	刘旭黎	沈　雯	王晓虹
许耀琳	杨冬梅	曾淑娥	钟美玲	庄宏玲

序 一

质量是当前我国幼儿园教育发展的关键所在。《幼儿园保教质量监控指导手册》（以下简称《指导手册》）里所介绍的经验、做法，既具有很强的操作性，对幼儿园教育质量评价理论探索也有相当的启发。

以前所看到的各种质量评价，较多指向一个个具体的幼儿园的教育质量，或者指向全国或全省的较大范围的幼儿园教育质量。前者较为具体，却对整体、快速提升教育质量收效甚微，后者又常因过于宽泛、操作性不强而饱受诟病。《指导手册》指向厦门市这样一个区域，既具体、可操作，又有利于整体、快速提升区域的幼儿园教育质量。我认为，鉴于中国学前教育的复杂性，应该大力探索区域性学前教育质量监测、评价，这里的区域，主要是指市（地、州）和区（县）。

《指导手册》由《厦门市幼儿园保教质量监控指标》和说明文本组成。以往许多评价工具、监测方案，焦点通常都在指标、权重上，而《指导手册》除了指标，更有说明文本，说明文本包含了对指标的解释、说明以及对如何达到标准的建议。《指导手册》的一个突出特点，就是围绕指标来展开，用指标盘活了幼儿园教育评价的各个要素，因而能够成为提高保教质量的抓手。

《指导手册》有利于促进质量评价从外部走向内部，从他评到

自评，从而实现发展性评价。虽然从名称上看，“监控”给人的感觉是一种外部评价，但幼儿园管理者及教师完全可以借助《指导手册》发现、分析幼儿园或班级的教育质量问题并加以改进，从而较好地实现外部评价与内部评价的结合。当一个教师缺乏自评能力，一个幼儿园或地区缺乏自评机制时，就需要大量的他评；而当教师的自评能力越来越强，幼儿园或地区的自评机制越来越健全时，他评就应该逐渐减少，二者是互为补集的。

只有根植于幼儿园的实际工作与幼儿教师日常实践的评价，才具有真实性与发展性。《指导手册》将幼儿园保教工作按照实践维度划分为卫生保健与安全等六大模块，评价指向这六大实际工作，能帮助评价者在查阅资料与现场观摩的信息采集方法之间找到平衡，从而实现真实性评价。

《指导手册》强调对指标的解释说明，每个模块的操作说明和实践案例，既有利于监控、评估的实施，更有利于评价结果的使用。当前众多的评价、监测，对结果的使用普遍不太重视，将评价异化为评比，有的甚至最后不敢公布评价结果，恐惧评价结果导致的纷争。殊不知，结果如何呈现，被评者如何理解、对待评价结果，严重影响着评价的目的能否实现或在多大程度上实现。评价具有诊断、鉴定、激励、改进、导向等功能，如果被评者不认可、不理解、不运用评价结果，怎么可能有改进？评价又怎么可能起到激励、导向的作用？《指导手册》强调对指标的解释和说明，幼教工作者理解这些指标的过程，就是专业提升的过程；强调提供关于如何达到标准的知识和案例，给幼教工作者搭建了自我提升的阶梯。

我认为，评价必须回答谁评价（评价主体）、评价什么（评价内容）、根据什么进行评价（评价标准）、怎么评价（评价证据收集）、评价之后怎么做（评价结果的使用）、为什么要评价（评价的目的）这些基本问题。《指导手册》围绕评价指标，强调“指导”，很好地回答了评价的这些基本问题。同时《指导手册》还有相当的开放性、动态性。在使用《指导手册》的过程中，使用者可以根据实际情况，对指标赋予分值（权重），理解指标，获取达到标准的途径和策略。这种开放性使得《指导手册》有着旺盛的生命力。我在阅读和使用ECERS-R（幼儿学习环境评量表）过程中，发现其第一版、第二版、第三版在注释（即如何理解标准、指标）上下了很大的功夫。在这点上，《指导手册》与“幼儿学习环境评量表”的思路是一致的。我也希望《指导手册》项目组的教师们能够收集使用过程中的问题，尤其是那些有争议、分歧的方面，保持《指导手册》的开放性。

鄢超云

2018年3月

（作者系四川师范大学教授、中国学前教育研究会游戏与玩具专业委员会主任、国务院妇女儿童工作委员会办公室儿童工作智库专家）

序　二

高质量发展是当前全面建设社会主义现代化国家的首要任务，学前教育作为教育体系的起始环节，责任重大、任务艰巨。当前，学前教育事业正经历从有质量向高质量的发展转型，正迈向从外延式扩张转向内涵式提升的阶段，迫切需要在现有发展的基础上应对问题挑战，破除制约瓶颈，寻找到学前教育高质量发展的路径方向。如何构架一个合理的学前教育质量监测体系并发挥其“体检仪”和“指挥棒”的双重作用，成为促进学前教育高质量发展的重要内容。

《幼儿园保教质量监控指导手册》是厦门市为促进学前教育质量均衡发展，引领各幼儿园立足日常保教工作，开展保教质量自我监控，增强过程性的质量意识，为一线幼教工作者研发的过程性、动态性幼儿园保教质量监控体系。这一套监控体系于2015年搭建完成并投入使用，迄今已近10年，已成为厦门市乃至福建多个市(县、区）检视幼儿园保教质量、寻求未来质量提升路径的有力抓手。这一次的修订版是经过厦门市多所不同类型幼儿园多轮试点监控，编者团队不断修订与完善的版本。我充分感受到手册的研制团队对幼儿园保教质量、对课程中儿童的学习与发展、对学前教育事业发展中教师的角色定位越来越明晰，构建的质量监控体系愈加完善。

《幼儿园保教质量监控指导手册》将卫生保健与安全、教育环境、课程（集体教学活动、自主游戏）、教研工作四个方面六个模块有机结合，鼓励幼儿园立足园本实际，通过持续观察、访谈、作品检视等方式采集信息，并综合全体教职人员、家长、保教质量管理人员的意见，检视幼儿园的保教工作实效，从而进行自我反思和改进，以提升保教质量。手册条目覆盖面广，指标清晰、操作性强，强调以幼儿园保教工作实践为主线，重视保教实施的过程与质量，与国家颁布的《幼儿园保育教育质量评估指南》中倡导的儿童为本、过程导向、以评促建、持续改进的价值导向高度契合，体现了监控体系研制的前瞻性。

幼儿园保教质量提升是一个长期的、复杂的、动态调整的过程，目前研发的监控体系也许还有可以持续优化的空间，要想发挥质量监控的最大化作用，如何深化结果的运用还可以进一步论证和思考，可喜的是厦门已经在路上！

侯莉敏

2024年9月

（作者系广西师范大学教授，博士生导师）

序　三

在全国教育大会上，习近平总书记强调，建成教育强国是近代以来中华民族梦寐以求的美好愿望，是实现以中国式现代化全面推进强国建设、民族复兴伟业的先导任务、坚实基础、战略支撑，必须朝着既定目标扎实迈进。他指出，要统筹实施科教兴国战略、人才强国战略、创新驱动发展战略，一体推进教育发展、科技创新、人才培养。要坚持以人民为中心，不断提升教育公共服务的普惠性、可及性、便捷性，让教育改革发展成果更多更公平惠及全体人民。

幼儿园教育是基础教育的重要组成部分，是我国学校教育和终身教育的奠基阶段。加快学前教育发展以来，幼儿园教育事业发展从“广覆盖、保基本”走向“有质量”，着眼质量建设需要加强有关质量监测工具的科学研究，利用质量监测数据，促进幼儿园保育教育质量的持续稳步提高。2022 年 2 月教育部颁布了《幼儿园保育教育质量评估指南》，旨在通过建立健全教育评价制度，促进学前教育高质量发展。厦门市早在 2015 年就启动了“幼儿园保教质量监控项目研究”，由教育行政部门、市区两级教研室、幼儿园协同研制的《幼儿园保教质量监控指导手册》（以下简称《指导手册》）是福建省首个区域性幼儿园保教质量自我监测工具，其中所包含的常态化监测数据分析方法为加强区域幼儿园保教工作提供了方向指引，有利于区域分层分类精准施策，为提升整个区域幼儿园保教质

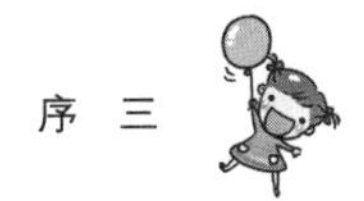

量提供了组织保障。

《指导手册》的研制注重保教内涵建设，围绕质量管理的关键要素，从卫生保健与安全、教育环境、课程（集体教学活动、自主游戏）、教研工作四个方面六个模块制定监控指标。《指导手册》每一模块均由监控项目、具体考察指标、信息采集路径与方法三个部分组成，立足厦门市幼儿园保教工作实际与质量提升需求，依据国家与福建省学前教育相关文件精神与要求，把握发展趋势，系统架构幼儿园保教质量监控内容体系，既有保教质量监控项目指标，又有保教质量监控项目指标的说明文本和实践案例，具体指导幼儿园开展保教工作，保障了《指导手册》的科学性与可操作性。《指导手册》的研制具有前瞻性，为幼儿园开展保教工作自评自建、以评促建提供了工具与抓手，为厦门市幼儿园高质量发展奠定了坚实基础，为福建省其他地市幼儿园贯彻落实《幼儿园保育教育质量评估指南》提供了可借鉴的经验。

《指导手册》的研制过程与厦门市新一轮幼儿园保教改革同步，结合“福建省级基础教育改革发展实验区（学前教育）”实验研究项目“区域幼儿园保教质量监控体系研究”，对区域贯彻实施《幼儿园教育指导纲要》《3～6岁儿童学习与发展指南》情况进行深度调研与反思，在全面梳理各级各类幼儿园保教工作经验与问题的基础上，因地制宜研制区域保教质量的评估标准与提升举措。自2019年以来，《指导手册》在厦门市各级各类幼儿园经历多轮的试用研究，项目组围绕幼儿园保教质量提升，动态修订了《指导手册》的监控项目、具体考察指标、信息采集路径与方法，保障了《指导手册》的针对性与可行性，并不断增强《指导手册》的区域适宜性。

《指导手册》的研制团队由市区两级幼教教研员、省市名师名园长与学科教学带头人组成，这一项目为区域骨干师资的专业发展与作用发挥提供了平台与机会。《指导手册》的研制与试用助力了区域研究共同体建设，通过项目赋能、平台支撑、日常浸润，培养了一支幼儿园保教工作的中坚力量，引领区域、园所围绕标准开展以反思与改进实践为导向的幼儿园保教质量自我评估，并通过幼儿园自评和研制组他评的交互作用，激发园所与教师主动开展探求保教质量提升的专题研讨、学习与行动研究，从而形成了可持续改进保育教育工作的教师发展良好生态。

幼儿园保教质量的监控与提升是一个不断深化的过程，《指导手册》的修订有必要增加区域如何有针对性地引导幼儿园完善自我评估的相关内容；项目组还可系统梳理试用过程中发现的区域性难点、争议分歧点，以及城乡、园际差异之处，并提供有针对性、梯度化的质量监控与质量提升指引。期待教研工作加强与卫生保健与安全、教育环境、课程（集体教学活动、自主游戏）等模块的链接，使教研工作聚焦解决保育教育实践中的困惑和问题，成为解决保教工作难点和问题的重要支架。

彭琦凡

2024 年 9 月

（作者系福建幼儿师范高等专科学校教授、福建省幼儿教师培训中心原主任，教育部基础教育学前教育保教指导专委会委员、中国学前教育研究会学前社会教育专委会副主任、福建省教育学会幼儿教育委员会副理事长）

前 言

《幼儿园保教质量监控指导手册》(以下简称《指导手册》)是由厦门市教育局基教处和厦门市教育科学研究院基教室组织教研员、省市名师名园长、省级示范性幼儿园园长、省市学科带头人等成立项目组，共同研制而成。

研制《指导手册》的初衷，是想改革当时以他评为主、忽视过程、被动受评的幼儿园保教质量评估方式，探索以儿童为本、关注教育过程、促进师幼良性互动为导向的过程性、动态性的幼儿园保育教育质量评估监控体系，促进学前教育质量均衡发展。为此，我们试图通过为一线幼教工作者提供可操作的实用工具，引领各幼儿园立足日常保教工作，开展保教质量自我监控；为各级教育行政部门和教研部门监控幼儿园保教质量及分析、决策提供科学依据；并推动建立厦门市过程性、动态性幼儿园保教质量监控体系，缩小区域、城乡、园际保教质量差距，深化幼儿园课程改革，推进幼儿园高质量发展。

自 2015 年 12 月以来，厦门市市、区幼教教研室及各级各类幼儿园依据《厦门市幼儿园保教质量监控指标》进行了多轮试点监控。2019 年 8 月，根据《福建省教育厅关于公布省级基础教育改革发展实验区名单的通知》(闽教基〔2019〕31 号)，厦门市学前教育获评省级基础教育改革发展实验区，方向为区域幼儿园保教质量监

控体系研究。为推进实验区建设，2019年、2023年厦门市先后确认30所学前教育改革实验幼儿园，开展细化应用研究。各实验园以《指导手册》为抓手，立足本园实际，进行过程性保教质量自我监控研究。2022年以来，项目组及实验园依据教育部印发的《幼儿园保育教育质量评估指南》及《幼儿园督导评估办法》精神，修订与完善了各模块监控指标及其说明文本。

《指导手册》以幼儿园保教工作实践为主线研制，由《厦门市幼儿园保教质量监控指标》及其说明文本组成，主要针对幼儿园保教实践中的卫生保健与安全、教育环境、课程（集体教学活动、自主游戏）、教研工作四个方面六个模块内容的实施情况进行监控指导。每一模块的监控指标由项目、考察要点和信息采集三项组成。

《指导手册》没有赋予各模块、各指标具体分值，旨在强调基层应把《指导手册》作为落实日常工作的基本依据，重视对保教质量的把握，而不是单以分值衡量保教水平的高低。当然，各级教育行政部门、业务部门和各幼儿园在进行保教质量监控时，为便于提取数据、分析问题，可赋予各考察要点一定的分值。

在具体使用《指导手册》时，各幼儿园应注意以下三点：

（一）立足日常工作，开展自我监控，凸显评价的价值取向

《指导手册》中的各模块指标，是以幼儿园保教工作实践为主线研制的，具有较强的指导性与可操作性。幼儿园要重视保教实施的过程与质量，积极引导教师在日常教育实践中开展自评，并将评价结果转化为改进日常工作的自觉行为。幼儿园要逐步建立与完善教师个人、教研组及园领导班子“自我监测、自我反思、自我调整、自我发展”的评价机制，使《指导手册》成为规范保教行为、提高保教质量的有效抓手。

（二）立足园本实际，探索监控方法，积累自评经验

幼儿园在使用《指导手册》监控本园保教质量时，须注意将卫生保健与安全、教育环境、课程（集体教学活动、自主游戏）、教研工作四个方面六个模块有机结合，通过对班级现场的持续观察、访谈、作品检视等方式采集信息，并综合全体教职人员、家长、保教质量管理人员的意见，全面检视幼儿园的保教工作实效，不断进行自我反思和改进，提升保教质量。同时，幼儿园应立足园本实际，创新自我评价方法，积累监控经验，确保实施《指导手册》的常态化，让保教质量自我监控成为幼儿园教育评价的重要组成部分。

（三）立足实践操作，不断反馈信息，完善监控指标

希望各区、各园在今后使用《指导手册》的过程中，认真考量监控指标，并立足幼儿园保教工作实际，研制园本幼儿园保育教育质量自评机制与方法，多方收集相关信息资料，及时反馈给项目组，为不断探索幼儿园保教质量自评方法、机制提供实践经验。

本书凝聚了厦门市学前教育人的心血和辛勤的汗水，多数内容是长期保教工作实践研究的成果汇集。希望这本手册能为一线教师提供可操作的质量规范，能引领幼儿园立足保育教育过程，开展自我评估，把握质量内涵，提升工作实效。

本书第一版（2018 年 12 月出版）编委分工：第一章卫生保健与安全质量由沈雯、林碧碶执笔，沈雯定稿；第二章教育环境质量由杨冬梅、丁丽、林卉、许耀琳执笔，杨冬梅定稿；第三章课程质量由蔡蔚文、连平、曾淑娥执笔，蔡蔚文定稿；第四章集体教学活动质量由黄菊芳、刘旭黎、陈晓娟、郭阿苏执笔，黄菊芳、陈晓娟定稿；第五章自主游戏质量由江旭琳、庄宏玲、蔡蔚文、王晓虹、林碧玲执笔，江旭琳、庄宏玲、王晓虹定稿；第六章教研工作质量由林杨、黄淑真、林鹭、林阿虹执笔，林杨、黄淑真定稿；第七章

课程实施方案例析由厦门市实验幼儿园、厦门市湖里实验幼儿园提供，江旭琳、曾淑娥、覃文文统稿。全书由蔡蔚文统稿、主编。

本修订版是在第一版的基础上进行修订的。本修订版编委分工：第一章卫生保健与安全质量由沈雯、林碧磺、钟美玲修订，沈雯定稿；第二章教育环境质量由杨冬梅、丁丽、林卉、许耀琳修订，杨冬梅定稿；第三章课程质量由蔡蔚文、林鹭、江旭琳、曾淑娥、黄芳修订，蔡蔚文定稿；第四章集体教学活动质量由黄菊芳、陈晓娟、梁媛玲修订，黄菊芳、陈晓娟定稿；第五章自主游戏质量由王晓虹、庄宏玲、蔡蔚文修订，王晓虹、庄宏玲定稿；第六章教研工作质量由林杨、黄淑真、杜雪鹰修订，黄淑真、杜雪鹰定稿；第七章课程实施方案例析由厦门市第一幼儿园、厦门市第六幼儿园提供，林鹭、江旭琳、黄芳统稿。全书由蔡蔚文统稿、主编。

目 录

第一章　卫生保健与安全质量

第一节　厦门市幼儿园卫生保健与安全质量监控指标

<table>
<tr><th colspan="2">项目</th><th>考察要点</th><th>信息采集</th></tr>
<tr><td rowspan="3">制度管理</td><td>制度建立</td><td>建立健全一日生活、膳食管理、体格锻炼、卫生与消毒、入园及定期健康检查、传染病预防与控制、常见疾病预防与管理、伤害预防、健康教育、卫生保健信息收集、安全防护制度等幼儿园卫生保健和安全管理制度，制度建立符合实际情况并具操作性。</td><td rowspan="3">查阅资料</td></tr>
<tr><td rowspan="2">制度执行</td><td>每学期制订卫生保健和安全工作计划，有安全预案，按时完成卫生保健、安全、防病、治病、营养、预防接种和传染病管理等任务，期末做好总结工作。</td></tr>
<tr><td>定期检查各项制度的落实情况，形成过程性材料。</td></tr>
<tr><td rowspan="6">专用设施</td><td rowspan="2">保健室</td><td>保健室或卫生室的面积、位置符合《托儿所、幼儿园建筑设计规范》的要求。</td><td rowspan="2">实地观察</td></tr>
<tr><td>专用设备符合《托儿所幼儿园卫生保健管理办法》的要求。</td></tr>
<tr><td rowspan="2">保安室</td><td>保安室的位置符合《托儿所、幼儿园建筑设计规范》的要求。</td><td rowspan="4">实地观察，查阅资料</td></tr>
<tr><td>保安室的监控设置、报警系统、图像装置、防卫器械符合国家《中小学幼儿园安全防范工作规范（试行）》的要求。</td></tr>
<tr><td rowspan="2">食堂</td><td>食堂的布局动线、设施设备、面积大小符合《托儿所、幼儿园建筑设计规范》的要求。</td></tr>
<tr><td>食堂获得餐饮服务许可证，符合《卫生部关于全面实施食品卫生监督量化分级管理制度的通知》的要求并达到B级以上。</td></tr>
</table>

续表

项目		考察要点	信息采集
人员配备	配备要求	根据《幼儿园工作规程》配备符合规定的卫生保健人员、安保人员、炊事人员、保育员等。	查阅资料，实地了解
	上岗要求	各类人员上岗前接受培训并持证上岗，卫生保健人员接受当地妇幼工作管理部门的培训并考核合格。	
卫生安全	公共环境	园内公共环境、场地、设施设备安全卫生，符合《托儿所、幼儿园建筑设计规范》的要求。	实地观察
		门窗、楼梯走道、水电气等设置符合国家规定的要求。	
		功能室、走廊过道等公共场所的环境整齐清洁、安全卫生。	
		人员责任到位，定期对园内公共环境进行消毒，预防性消毒工作符合常规要求。	
	班级环境	班级的活动室、寝室、盥洗室的设置符合《托儿所、幼儿园建筑设计规范》的要求，提供符合安全卫生要求的幼儿用品。	实地观察，查阅资料，现场访谈
		人员责任到位，定期对园内班级环境进行消毒，预防性消毒工作符合常规要求。	
		设置分类垃圾桶，正确分类垃圾。	
		幼儿的生活、卫生习惯良好。	
		有专人对幼儿餐具、用具、玩具、图书、被褥等物品定期消毒，符合常规要求。	
	食堂环境	厨房的设置符合《卫生部关于全面实施食品卫生监督量化分级管理制度的通知》的要求。	
		食品采购管理科学，有专人管理与记录。	
		厨房的食品、刀具等物品储藏应符合安全卫生要求。	
		人员职责分明，分工合作，操作规范。	
		严格根据不同用具进行相应的消毒，消毒规范、符合要求。	

续表

项目		考察要点	信息采集
健康管理	健康检查	教职工每年须经区级以上卫生行政部门认定的医疗卫生机构进行健康检查，并取得托幼机构工作人员健康合格证；炊事人员取得食品从业人员健康证。	实地观察，查阅资料，现场访谈
		幼儿入园需进行体格检查，离园 3 个月后需重新体检。	
		保健人员应配合妇幼机构对幼儿园开展的各项健康检查。	
		定期做好幼儿身高、体重、视力、口腔等方面的健康检测，每次检测有登记、统计、分析、评价，并做好跟踪指导。	
		认真有效地对肥胖儿、体弱儿及高危儿童进行专案管理与跟踪指导。	
	体格锻炼	每天户外活动不少于 2 小时，其中体育活动不少于 1 小时，在寒冷、炎热季节或特殊天气情况下，可开展室内运动，保证幼儿运动时间。	
		遵循幼儿身心发展规律和年龄特点，循序渐进地开展丰富多样的体育活动，发展幼儿基本运动能力，增强幼儿体质。	
		定期监测评估幼儿的生长发育，并进行有目的有计划的运动干预，特别加强对肥胖儿、体弱儿等营养性疾病儿童的运动管理。	
	心理健康	积极营造教职工、师幼、幼幼间和谐友爱的氛围，关注师幼心理健康，定期开展心理健康培训及教育活动。	实地观察，查阅资料，现场访谈
学习与宣传	学习	保教人员积极参加学习和培训活动，每学期至少外出学习 1 次。	实地观察，查阅资料
		保教人员每学期参加 2 次以上卫生保健知识及安全培训（含疾病防控、食品安全、安全防护、幼儿意外伤害等内容）。	
		幼儿园主动接受妇幼保健、防疫等相关部门的检查及业务指导。	
	宣传	利用公众号、QQ、微信等信息化平台宣传科学的幼儿卫生保健与安全教育知识。	
		借助宣传栏做好卫生保健、垃圾分类、膳食营养等方面的宣传，定期更换内容。	
		定期为家长开设卫生保健知识讲座。	

6. 传染病预防与控制制度。含接种工作、日常出勤登记、疫情报告、宣传教育、晨午检查、上报措施等方面的要求。

7. 常见病预防与管理制度。主要包括对儿童常见病的管理要求，含儿童呼吸道疾病的预防、消化系统疾病的预防、营养不良的防治、维生素D缺乏性佝偻病的预防、营养性缺铁性贫血的防治、单纯肥胖症的防治等。

8. 伤害预防制度。幼儿园的活动应以儿童安全为前提，建立定期全园安全排查制度，落实预防儿童伤害的各项措施。含房屋、生活设施标准；重大突发案件的应急预案；健康、安全的培训教育要求等。

9. 健康教育制度。应根据季节、疾病流行等情况制订全年教育工作计划，并组织实施。含健康教育的内容、形式、次数以及记录要求等。

10. 信息收集制度。应含健康档案的建立，卫生保健工作的记录以及统计、分析，体格发育评价及营养评估等方面的要求。

（二）制度执行

1. 计划总结：各园根据实际情况制订每学期卫生保健和安全工作计划，计划具体、重点工作突出、操作性强，期末做好总结。

卫生保健（安全）工作计划参考格式：

________学年 ________幼儿园卫生保健（安全）工作计划
一、情况分析
（基本情况　存在问题）
二、主要措施
（措施具体　重点突出）
三、月份安排

卫生保健（安全）工作总结参考格式：

________学年 ________幼儿园卫生保健（安全）工作总结
一、主要成效
（围绕计划　回顾落实　概括提升）
二、经验总结
（分点阐述　如何操作　成效达成）
三、存在问题及改进策略

建立健全消防安全工作应急预案、防空安全工作应急预案、自然灾害处理应急预案、外出活动突发事故应急预案，有效落实安全预案，将安全教育融入课程。

2. 检查落实：有落实制度、执行计划的过程性资料。卫生保健方面应及时检查并做好以下记录：晨午检及健康检查记录、交接班记录、体检记录、健康教育记录、消毒及检查记录等。安全工作方面应及时检查并做好以下记录：每日安全巡视检查记录、食堂卫生检查记录、食品安全检查记录、用气检查记录、灭火器检查记录、安全教育记录等。

二、专用设施

（一）保健室

1. 面积位置：保健室或卫生室的室内面积不少于 12 m^2。位置靠近门厅，利于观察幼儿。

2. 设施配备：设有药品柜、资料柜、流动水或代用流动水等设施。应配备儿童杠杆式体重秤、身高计（供 2 岁以上儿童使用）、国际标准视力表或标准对数视力表灯箱、体围测量软尺等设备，以及消毒压舌板、体温计、手电筒等晨检用品和其他空气消毒装置。

3. 应设立幼儿厕所，以及供幼儿洗手的设施设备。

（二）保安室

1. 位置要求：应设在幼儿园出入口处，有良好的视野，能观察到各类人员的出入情况。

2. 监控设置：应在重要位置装置足够数量的安全监控设施并 24 小时开启监控，如幼儿园园区大门口、边界、操场、大厅、楼道拐角、财务室、档案室、厨房操作间、配餐间、主副食储藏间、建筑物出入口、楼梯间、走廊等重要位置。

3. 报警系统：应在幼儿园周界、厨房、重要机房，设置电子巡查、电子围栏等报警仪器，报警系统应与所在片区派出所联动，必要时启动报警。

4. 图像装置：设置足够数量的显示器、视频图像采集装置，确保采集的图像和影像能辨清昼夜进出人员的体貌特征和车牌号，图像、影像至少保存 90 天。

5. 防卫器械：按执勤人数配备以下防卫器械，包括防暴头盔、防护盾牌、防刺背心、防割手套、橡胶警棍、强光电筒、自卫喷雾剂、安全钢叉。

（三）食堂

1. 布局动线：厨房工艺流程布局合理，符合国家现行行业标准《饮食建筑设计标准》（JGJ64－2017），应设置一次更衣室、仓库、粗加工区、细加工区、烹饪区、洗涤区、二次更衣室、配餐区等区域，动线合理。

2. 设施设备：厨房有足够的照明、通风、排烟装置，地面易于清洗和排水，有相应的防滑措施；配有纱窗和灭蚊灯等防蝇、防尘、防鼠的设施和设备，定期消杀，排水管道加盖细网。应配备存放食品专用的冰箱、冰柜。

3. 面积设置：办园规模为 3、6、9、12 个班的幼儿园，厨房使用面积应分别达到 36 m^2、126 m^2、186 m^2、245 m^2。

4. 食堂严格按照《卫生部关于全面实施食品卫生监督量化分级管理制度的通知》B 级以上要求，必须取得餐饮服务许可证。

三、人员配备

（一）配备要求：配足卫生保健、安保、炊事、保育等人员，各人员符合相关资质要求，定期体检，岗位职责分明、责任到人

1. 卫生保健人员：全日制幼儿园配 1 人、寄宿制幼儿园配 2 人。全日制幼儿园有 150 名以上幼儿的，应按不低于 1∶150 的比例配专、兼职卫生保健人员。

2. 安保人员：办园规模少于 6 个班或者教职工及学生总人数少于 100 人的园所至少配 1 名专职保安员；100～1000 人的园所，至少配 2 名专职保安员。寄宿制园所至少配 2 名专职保安员，在此基础上每增加 300 名寄宿生增配 1 名专职保安员。

3. 炊事人员：提供每日三餐两点的园所，炊事人员与儿童配备比例应达 1∶50，提供每日一餐两点或两餐一点的应达 1∶70。

4. 保育员：每班配备 1 名保育人员，寄宿制幼儿园平均每班配 2～2.2 名保育人员。

（二）上岗要求

1. 保健医生：具有医学院校专科或以上学历，持有国家认定的医师资格证、上岗证且取得医疗卫生机构签发的健康证，上岗前接受妇幼保健培训并取得合格证。

2. 安保人员：须持有保安上岗资格证或为从专业保安公司聘请的保安人员，取得医疗卫生机构签发的健康证。

3. 保育员：具有初中以上学历，须持有保育员上岗资格证，取得医疗卫生机构签发的健康证。

4. 厨师：具有初中以上学历，须持有厨师上岗资格证，取得食品从业人员健康证。

5. 厨工：具有初中以上学历，取得食品从业人员健康证。

四、卫生安全

（一）公共环境

1. 室外环境。

（1）园内因地制宜创设融入自然生态的户外活动环境，有适宜多样的花草树木、沙地、坡地、水地、种植园地等，布局合理、功能分区明确，光线充足、空气流通，符合幼儿生理、心理特点。

（2）园外周边环境整洁、日照充足、场地干燥、排水通畅，远离一切污染源，符合卫生安全要求。

（3）幼儿园周围应设围护措施，围护设施安全、美观，能防止幼儿穿过和攀爬。

（4）活动场地地面平整、防滑、无障碍、无突出物；室外地坪的软硬设置应有一定的比例，运动场地应设置排水设施。

（5）儿童用房应设在 3 层以下的建筑，作为游戏场地的平屋顶应有安全防护设施，室外活动场地范围内应有防止物体坠落措施。

(6) 共用活动场地应设置游戏器具、沙坑、30 m 跑道等，宜设戏水池、洗手池、洗脚池，储水深度不应超过 0.30 m。游戏器具下方地面及周围应设软质铺装。

(7) 幼儿园幼儿生活用房日照时长每天不应低于 3 小时。(卫生间、储藏间和公共活动用房除外)

(8) 幼儿园绿地覆盖率须不小于 30%。园内不种植有毒、带刺、有飞絮、病虫害多、有刺激性的植物，绿化植物应有利于幼儿身心成长，易于管理。

2. 室内环境。

(1) 儿童用房应设在 3 层以下的建筑，且幼儿公共生活用房不应设置在地下室或半地下室。如园内设有地下室或半地下室，可布置成非幼儿生活用房，如设备用房、库房，工作人员厨房、餐厅等房间，并完善采光、通风、日照、防潮、排水、安全防护等条件。

(2) 防护栏：托儿所、幼儿园的外廊、室内回廊、内天井、阳台、上人屋面、平台、看台及室外楼梯等临空处应设置防护栏杆，栏杆应以坚固、耐久的材料制作。防护栏杆的高度应从可踏部位顶面起算，且净高不应小于 1.30 m。防护栏杆必须采用防止幼儿攀登和穿过的构造，当采用垂直杆件做栏杆时，其杆件净距不应大于 0.09 m。

(3) 楼梯踏步：楼梯踏步面应采用防滑材料，楼梯除设成人扶手外，应在靠墙一侧设幼儿扶手，其高度不应大于 0.60 m。楼梯踏步的高度不应大于 0.15 m，宽度不应小于 0.26 m。当楼梯井净宽度大于 0.11 m 时，必须采取防止幼儿攀滑措施。楼梯栏杆应采取不易攀爬的构造，当采用垂直杆件做栏杆时，其杆件净距不应大于 0.09 m。

(4) 窗：当窗台面距地面高度低于 0.90 m 时，应采取防护措施，防护高度应从可踏部位顶面起算，不应低于 0.90 m。

(5) 门：门下不设门槛；不设置旋转门、弹簧门、推拉门；不宜设金属门；门的双面均应平滑、无棱角。当使用玻璃材料时，应采用安全玻璃。平开门距离楼地面 1.20 m 以下部分应设防止夹手设施。生活用房开向疏散走道的门均应向人员疏散方向开启，开启的门扇不应妨碍走道疏散通行。

(6) 阳台：设阳台或室外活动平台应注意安全防护，且不应影响生活用房的日照。

(7) 边角：幼儿经常接触的室内外墙面，距离地面高度在 1.30 m 以下的，宜采用光滑易清洁的材料；墙角、窗台、玩具柜、窗口竖边、门边等直角处应做成圆角。

(8) 空气质量：防止过度装修和重复装修，室内环境的甲醛、苯等检测结果符合现行国家标准《室内空气质量标准》(GB/T 18883－2002) 的有关规定，限定空气中甲醛的浓度≤0.08 mg/m³，应有相应机构的检测报告。

(9) 灭火器：每层楼的楼梯口应配置灭火器，各楼层根据场地至少配置 2 个灭火器（灭火器使用手提式 2 kg 干粉灭火器），消防栓不遮挡，不过度修饰；没有消防栓的学校按每 48 m² (实用面积) 1 个灭火器的标准配备；定期检查灭火器的使用期限，检查有记录；对全园教职工进行灭火器安全使用培训。

(10) 通道：幼儿经常通行和安全疏散的走道不宜设有台阶，当有高差时，应设置防滑坡道，其坡度不大于 1∶12；疏散走道的墙面距地面 2 m 以下不应设有壁柱、管道、消火栓箱、灭火器、广告牌等突出物，走廊等安全疏散通道保持 1.50 m 以上的通行距离。

(11) 水电。

①幼儿园用水的水质应符合国家现行标准《建筑给水排水设计标准》(GB 50015－2019)、《生活饮用水卫生标准》(GB 5749－2022)、《饮用净水水质标准》(CJ 94－2015) 和《建筑给水排水及采暖工程施工质量验收规范》(GB 50242－2002) 的规定。定期检查、清洗饮水设备。

②尽可能为幼儿的户外运动提供饮水设施。

③电路设置安全，无隐患；插座宜采用安全型，安装高度不低于 1.80 m。

3. 环境卫生安全。

(1) 园内走廊、楼梯、多功能室等严格按照要求做好卫生清洁工作，做到有检查有记录。

(2) 定期检查室内的安全设施，保证幼儿活动安全。

（3）园内设置的各类停车位不能占用幼儿活动场地。

（4）园内禁止吸烟、饮酒，并有禁止吸烟的相关标识。

（5）幼儿园公共场所放置厨余垃圾、可回收垃圾、有害垃圾、其他垃圾四种分类垃圾桶，正确分类垃圾。

4. 安保要求。

（1）校门口保安室应采取 24 小时值守制，其他出入口开启时有人值守。

（2）保安室应整洁有序，不放置床铺等与执勤无关的杂物。

（3）幼儿园举办大型亲子活动时，如迎新年活动、六一活动、毕业典礼活动，需协同片区警察、家委会等人员加强安保管理，确保措施到位、安全有序。

（4）入园离园等出入高峰期应由行政人员、值班教师及双倍安保人员一起值守。

（5）做好车辆人员进出登记，对学校重点区域及周边巡查每日不少于 5 次，并有巡查记录。

5. 环境消毒。

（1）环境及用具根据《托儿所幼儿园卫生保健管理办法》及《托儿所幼儿园卫生保健工作规范》定期消毒、定时清洁。根据要求做好检查，留有记录。园内消毒工作由各人员负责到位。

（2）定期开展全面彻底的校园环境整治消杀工作，对公共场所进行彻底清洁消毒、通风换气、垃圾清理，消毒记录含有消毒品名称及配比。

（3）对园内使用的空调系统和公共区域高频接触物体表面等进行预防性消毒处理。

（4）戏水池应实用、安全、地面防滑，做好日常维护，定期清洗、消毒。

托幼机构环境和物品预防性消毒方法

消毒对象	物理消毒方法	化学消毒方法	备注
空气	每日开窗通风至少2次；每次通风至少10～15分钟。		在外界温度适宜、空气质量较好、保障安全性的条件下，应采取持续开窗通风的方式。
	每日采用紫外线杀菌灯进行照射消毒1次，每次持续照射60分钟。		1. 不具备开窗通风空气消毒条件时使用。 2. 应使用移动式紫外线杀菌灯。按照1.5 W/m^3 计算紫外线杀菌灯管需要量。 3. 禁止紫外线杀菌灯照射人体体表。 4. 采用反向式紫外线杀菌灯在室内有人环境持续照射消毒时，应使用无臭氧式紫外线杀菌灯。
餐具、炊具、水杯	煮沸消毒15分钟或蒸汽消毒10分钟。		1. 对食具必须去残渣、清洗后再进行消毒。 2. 煮沸消毒时，被煮物品应全部浸没在水中；蒸汽消毒时，被蒸物品应疏松放置，水沸后开始计算时间。
	使用餐具消毒柜、消毒碗柜消毒，按产品说明使用。		1. 使用符合国家标准规定的产品。 2. 保洁柜无消毒作用，不得用保洁柜代替消毒柜进行消毒。

续表

消毒对象	物理消毒方法	化学消毒方法	备注
毛巾类织物	用洗涤剂清洗干净后，置阳光下曝晒干燥。		曝晒时不得相互重叠。曝晒时间不低于 6 小时。
	煮沸消毒 15 分钟或蒸汽消毒 10 分钟。		煮沸消毒时，被煮物品应全部浸没在水中；蒸汽消毒时，被蒸物品应疏松放置。
		使用次氯酸钠类消毒剂消毒。使用浓度为有效氯 250～400 mg/L，浸泡消毒 20 分钟。	消毒时将织物全部浸没在消毒液中，消毒后用生活饮用水将残留消毒剂冲净。
抹布	煮沸消毒 15 分钟或蒸汽消毒 10 分钟。		煮沸消毒时，抹布应全部浸没在水中；蒸汽消毒时，抹布应疏松放置。
		使用次氯酸钠类消毒剂消毒。使用浓度为有效氯 400 mg/L，浸泡消毒 20 分钟。	消毒时将抹布全部浸没在消毒液中。消毒后可直接控干或晾干存放；或用生活饮用水将残留消毒剂冲净后控干或晾干存放。
餐桌、床围栏、门把手、水龙头等物体表面		使用次氯酸钠类消毒剂消毒。使用浓度为有效氯 100～250 mg/L，消毒 10～30 分钟。	1. 可采用表面擦拭、冲洗消毒方式。 2. 餐桌消毒后要用生活饮用水将残留消毒剂擦净。 3. 家具等物体表面消毒后可用生活饮用水将残留消毒剂去除。

续表

消毒对象	物理消毒方法	化学消毒方法	备注
玩具、图书	通风晾晒。		1. 适用于不能湿式擦拭、清洗的物品。 2. 晾晒时不相互重叠，晾晒时间不低于6小时。 3. 每两周至少通风晾晒1次。
		使用次氯酸钠类消毒剂消毒。使用浓度为有效氯100～250 mg/L，表面擦拭、浸泡消毒10～30分钟。	根据污染情况，每周至少消毒1次。
便盆、坐便器与皮肤接触部位、盛装吐泻物的容器		使用次氯酸钠类消毒剂消毒。使用浓度为有效氯400～700 mg/L，浸泡或擦拭消毒30分钟。	1. 必须先清洗后消毒。 2. 浸泡消毒时将便盆全部浸没在消毒液中。 3. 消毒后用生活饮用水将残留消毒剂冲净后控干或晾干存放。
体温计		使用浓度为75%～80%的乙醇溶液浸泡消毒3～5分钟。	使用符合《中华人民共和国药典》规定的乙醇溶液。

注：1. 应使用符合卫生部《次氯酸钠类消毒剂卫生质量技术规范》规定的次氯酸钠类消毒剂。

2. 传染病消毒根据《中华人民共和国传染病防治法》规定，配合当地疾病预防控制机构实施。

（二）班级环境

1. 活动室。

（1）环境卫生整洁、自然通风、采光充足、无异味。

（2）各班活动室之间宜采取分隔措施，活动室功能分区合理。

（3）根据幼儿身高配置符合要求的桌椅。

幼儿园课桌椅高度与幼儿身高对照表

单位：厘米

桌面高	座面高	标准身高	幼儿身高范围
37	19	82.5	75～89
40	21	90.0	83～97
43	23	97.5	90～104
46	25	105.0	98～112
49	27	112.5	105～119
52	29	120.0	113 以上

注：标准身高指最具代表性的身高。对于发育中的儿童，可以取身高的中值。

2. 盥洗室和卫生间。

（1）每班有独立的盥洗室；男女分厕，标识清楚；卫生间位置合理、安全，盥洗室和厕所之间应有良好的视线贯通，方便教师照看幼儿，地面防滑、易清洁。

（2）每班盥洗室内设洗拖把等的污水池和洗涤池。

（3）卫生间设施的配置、形式、尺寸均应符合幼儿人体尺寸和卫生防疫的要求。每班应设女厕便器 4 个以上，男厕大便器不少于 2 个，小便器（沟槽）不少于 4 个，大便器宜采用蹲式便器，大便器或小便器之间应设隔板，隔板处应加设幼儿扶手。厕位的平面尺寸不应小于 0.70 m×0.80 m（宽×深），坐式便器的高度宜为 0.25～0.30 m，沟槽式的槽宽为 0.16～0.18 m。

（4）盥洗室内有流动水洗手装置，根据班级人数设置 6～8 个水龙头。水龙头数量和间距设置合理，间距为 0.55～0.60 m。

（5）盥洗池上沿离地面的高度为 0.50～0.55 m，宽度为 0.40～0.45 m。

（6）尽可能考虑教师厕所的设置。教职工的卫生间、淋浴室单独设置，不与幼儿合用。

（7）厕所、盥洗室、淋浴室地面不宜设台阶，地面易于清洗，备有防滑措施。

3. 寝室。

（1）设置与班级配套的寝室，不设置上下层通铺或上下阁楼床铺，同一个班的活动室与寝室应设置在同一楼层内。

（2）保证每一幼儿有设置一张床铺的空间，睡床长度为小班 130 cm、中班 135 cm、大班 140 cm；床位侧面或端部距外墙距离不应小于 0.60 m，幼儿躺下后头部与头部之间的距离为 10～15 cm；幼儿应有独立的床位和被褥。

（3）寝室应有消毒设备，如紫外线消毒灯、空气消毒机等，消毒灯数量按照 1.5 W/m^3 配备，开关位置应设在室外，远离幼儿，高度不低于 180 cm。

4. 垃圾卫生。

（1）班级放置厨余垃圾、其他垃圾、可回收垃圾三种分类垃圾桶，指导幼儿按类投放，正确分类垃圾。

（2）因突发传染病产生的传染性垃圾，按照特殊垃圾的要求进行处理、运转。

5. 幼儿卫生。

（1）保证幼儿每日一巾一杯专用，寄宿制幼儿每人有专用的洗漱用品。

（2）提供卫生安全的毛巾、肥皂（洗手液）、厕纸等清洁用品。

（3）实施《厦门市幼儿园一日活动常规要求（试行）》，教师、保育员操作规范，全园幼儿养成良好的学习、生活习惯，养成方式自主、宽松。

（4）保证幼儿按需饮水，每天上、下午各 1～2 次集中饮水，3～6 岁儿童每次饮水量 100～150 mL，并根据季节变化酌情调整饮水量。

（5）不限制幼儿便溺的次数、时间等。

6. 班级消毒。

严格执行卫生消毒制度，有专人对班级盥洗室、寝室以及班级的餐具、用具、玩具、图书、被褥等物品定期消毒，消毒工作符合规范要求。

班级卫生消毒检查记录表

日期	班级	开窗通风	消毒情况								
			餐桌	床围栏	门把手	水龙头	图书	玩具	被褥	厕所	其他

注：以画“√”的方式完成。

（三）食堂环境

1. 设置要求。

(1) 用具设备：根据食品品种、数量以及供餐人数，配备适宜的洗手更衣用具、食品，洗消保洁、采光通风、垃圾处理以及防尘防鼠防虫等设备设施运转正常。

(2) 备餐间管理：备餐间严格执行专人加工，设置专用工具容器、专用消毒设施、专用冷藏设施。配备符合要求的预进间（含洗手更衣等设施）、独立空调、空气消毒设备等。备餐操作时，应当避免食品受到污染。

(3) 加强食梯监控管理，确保安全卫生。

(4) 幼儿园应与送气单位签订合同，送气单位有合格资质，有营业执照等法律法规规定的证明文件，每学期核对 1 次。

(5) 加强煤气、电气安全使用的检查与指导，应配有防爆防漏装置，定期检查，并有检查记录。

2. 食品管理。

(1) 食品采购。

①幼儿园注意选购安全、卫生和营养的各类食品（主食、副食、点心、水果等）。应在具有食品生产许可证或食品流通许可证的单位采购。供货单位应提供：食品质量合格证明、检验（检疫）证明、正规销售票据。

②供货单位提供供货者证明和生产加工者资格合法合规的相关证明文件，每学期核对 1 次。

③下列食品进货时必须按照批次核查证明票据。活禽类：检疫合格证、

合法来源证明；牲畜肉类：动物产品检疫合格证明或畜产品检验合格证明；粮食及其制品、奶制品、豆制品：检验合格证明。

④采购食品（含食品添加剂）有索证索票资料。在“厦门市食品安全信息系统”上注册，实施食品安全信息追溯管理，按规定上传相关追溯信息。采购猪肉应索取“两证两章”（即动物产品检疫合格证、肉品品质检验合格证、动物检疫验讫印章、肉品品质检验验讫印章）。

⑤厨房验收人员每日按规定验收食物，并做好交接记录。

（2）食品留样：对每餐次加工制作的每种食品成品进行留样，每个品种留样量应当满足检验需要，不得少于 125 g，并记录留样食品名称、留样量、留样时间、留样人员等。留样食品应当由专柜冷藏保存 48 小时以上。

3. 物品储藏。

（1）食堂内各种物品应按照功能分类储藏，做到干净整洁、安全卫生。

（2）刀具：按照切肉、切菜、切水果等不同功能配置不同刀具，使用后及时消毒，放置在固定位置并上锁。

（3）砧板：依据切肉、切菜、切水果等不同功能使用相对应的砧板，使用后及时消毒，放置在固定位置。

砧板和刀具预防性消毒方法

消毒对象	物理消毒方法	化学消毒方法	备注
砧板	每次使用后，去污去油，冲洗干净浸泡后用开水煮 10～15 分钟，放入消毒柜消毒。	按 250 mg/L 浓度使用优氯净浸泡后，煮 10～15 分钟。	根据切肉、切菜、切水果的不同功能设置不同颜色的砧板。切肉的砧板每次使用后需用优氯净浸泡。切菜和切水果的砧板每天用优氯净浸泡。
刀具	每次使用后，去污去油，冲洗干净浸泡后用开水煮 10～15 分钟，放入专用消毒柜消毒。	按 250 mg/L 浓度使用优氯净浸泡后，煮 10～15 分钟。	切肉的刀具每次使用后需用优氯净浸泡。切菜和切水果的刀具每天使用优氯净浸泡。浸泡时刀具需全部浸没在消毒液中。

（4）食品储存。

①定期检查库存，及时清理变质或者超过保质期的食品。

②按照保证食品安全的要求贮存食品，做到通风换气，分区分架分类、离墙离地存放，避免交叉污染，控制贮存温湿度，与有毒、有害场所以及其他污染源保持规定的距离。

③食品库房不得存放有毒、有害物品。食品处理区不得存在污染食品的行为。

④食品添加剂应专柜（或专位）贮存，并标识“食品添加剂”字样，规范填写食品添加剂使用记录。

⑤贮存散装食品，应当在贮存位置标明食品的名称、生产日期或生产批号、保质期、生产者名称以及联系方式等内容。

4. 人员操作。

（1）食堂各人员职责分明、分工合作、操作规范，工作流程清晰。

（2）规范食品加工操作流程，做到粗细分区、肉菜分开、生熟隔离、洗消严格。

（3）采用“4D”管理、“五常”管理、“六T”管理、色标管理等先进的食品安全管理方法。

（4）加强食品检查监督，定期或不定期对食堂进行食品卫生检查和环境卫生检查，检查结果应有记录、有汇报，查出问题立即整改，并追究责任人的责任。

5. 洗消保洁。

（1）洗涤用品、消毒剂安全无毒，各种用具标识清楚明显。

（2）食堂加工、就餐场所室内通风换气每天不少于2次，每次不少于30分钟。

（3）食品准备清洁操作区、备餐区、一般操作区等区域，应配备空气消毒设备，每日每餐后做好消毒工作，每次消毒时间不少于30分钟。

（4）消毒后的餐具用具要存放于密闭的保洁柜内。

五、健康管理

（一）健康检查

1. 幼儿园各岗位教职工均需体检并取得医疗卫生机构签发的托幼机构工作人员健康证方可上岗。炊事人员除每年一次健康体检并取得食品从业人员健康证外，每学期还要进行一次沙门菌、志贺菌检测。

2. 工作人员每年须定时体检，按照《托儿所幼儿园卫生保健管理办法》规定的项目到区级以上卫生行政部门认定的医疗卫生机构进行健康检查，体检率达100%。体检过程如发现异常，应通知患病工作人员到相关专科进行复查，并追踪诊治结果。

3. 幼儿入园须进行体格检查，取得健康合格方可入园，离园3个月后须重新体检，合格后方能入园。

4. 转园儿童持原园（所）提供的“儿童转园健康证明”可直接转园，有效期3个月。

儿童转园健康证明

儿童姓名		性别		出生日期	年　月　日
离园日期			转入新园名称		
既往病史			目前健康状况		
家长签名					
卫生保健人员签名：				转出单位：	
日期：　　年　月　日				（转出单位盖章）	

注：自儿童离园之日起有效期3个月。

5. 配合体检部门每学年对在园幼儿进行1次全面体检，每半年测身高1次，查视力2次，每季度量体重1次，体检测查率达95%以上。

6. 记录体检结果，与以往的数据进行对照，分析评价，及时向家长反馈结果，并针对体检问题改进工作和加强管理。

学年儿童健康检查统计分析表

托幼机构名称：

年龄组	在册人数	体检人数	体检率(%)	体格评价				血红蛋白			视力		听力		龋齿	
				低体重人数	生长迟缓人数	消瘦人数	肥胖人数	检测人数	轻度贫血人数	中重度贫血人数	检查人数	视力不良人数	检查人数	听力异常人数	检查人数	患龋人数
3岁～																
4岁～																
5岁～																
6～7岁																
总计																

注：1. 体检率＝（体检人数/在册人数）×100%。

2. 某病患病率＝（某病患病人数/检查人数）×100%。

儿童营养性疾病及常见疾病登记表

班级	姓名	疾病名称	确诊日期	干预与治疗	转归

注：登记范围包括营养不良、贫血、单纯性肥胖、先天性心脏病、哮喘、癫痫、听力障碍、视力低常、龋齿等。

7. 注意幼儿口腔卫生，保护幼儿视力，做好各种传染病预防和视力、龋齿等方面的矫治工作，患龋率、近视率得到有效控制。

8. 认真筛查中、重度肥胖儿，中、重度消瘦儿，对中、重度贫血儿童，中、重度营养不良儿童，先天性心脏病患儿等高危儿童进行专案管理，并有针对性地跟踪指导，提高管理实效。

高危儿童专案管理记录表

<table>
<tr><td>班级</td><td></td><td colspan="2">姓名</td><td colspan="2"></td><td>性别</td><td></td><td>日期</td><td></td></tr>
<tr><td>既往史</td><td colspan="5"></td><td>过敏史</td><td colspan="3"></td></tr>
<tr><td>诊断</td><td colspan="2"></td><td colspan="3">诊断单位</td><td colspan="2"></td><td>诊断日期</td><td></td></tr>
<tr><td>立案时间</td><td colspan="2"></td><td colspan="5">立案时儿童主要症状及体征</td><td colspan="2"></td></tr>
<tr><td>结案时间</td><td colspan="2"></td><td colspan="5">结案时儿童主要症状及体征</td><td colspan="2"></td></tr>
<tr><td>日期</td><td colspan="4">主要症状及体征</td><td colspan="3">治疗方案及保健指导内容</td><td>转归情况</td><td>签名</td></tr>
<tr><td></td><td colspan="4"></td><td colspan="3"></td><td></td><td></td></tr>
<tr><td></td><td colspan="4"></td><td colspan="3"></td><td></td><td></td></tr>
</table>

注：管理范围包括单纯性肥胖、维生素 D 缺乏性佝偻病、先天性心脏病、哮喘、癫痫、听力障碍、神经精神发育迟缓、常见畸形等。

（二）体格锻炼

1. 提供必要的遮阳遮雨等设施条件或利用室内空间，确保特殊天气条件下幼儿体育运动的正常开展。

2. 因地制宜创设融合自然生态的户外活动环境，提供适宜丰富的运动器械，有组织、有计划地开展各类走、跑、跳、攀、钻爬、投掷等体育活动。

3. 做好幼儿运动前后的热身与放松工作，运动过程中应关注幼儿安全，注意分层指导，关注幼儿在活动中的情绪状态、动作发展等。

4. 每学年对幼儿进行体质监测，结合体质监测情况，对幼儿进行运动干预。针对常见的体弱儿、肥胖儿等要加强家园共育，给予特殊的运动指导，定期开展追踪评价，策略措施有针对性。

（三）心理健康

1. 通过宣传、咨询、指导、讲座等方式开展教职工心理健康培训活动，每学期至少举办1次心理健康讲座。

2. 巧用绘本故事、童话剧等方式，加强幼儿心理健康教育，引导幼儿了解调节不良情绪的基本方法，并保持较为积极的情绪状态。

六、学习与宣传

（一）学习

1. 保健人员按时参加妇幼保健机构组织的工作例会，并接受妇幼、防疫部门的业务培训和指导。

2. 保健人员积极参加学习和培训活动，每学期至少1次外出学习。

3. 保教人员每学期参加2次以上卫生保健知识及安全培训。（含疾病防控、食品安全、安全防护、幼儿意外伤害等内容）

（二）宣传

1. 每学期为家长举办1次卫生保健知识、安全知识方面的讲座。

2. 每月出1期卫生保健、膳食营养、安全方面的宣传栏，内容多元。利用公众号、QQ、微信等信息化平台积极向家长宣传科学的育儿观，提高家长育儿水平。

3. 对全体教职工开展内容丰富的健康教育活动，内容包括膳食营养、心理卫生、疾病预防、儿童安全及良好行为习惯养成等。每季度至少安排1次健康教育讲座。

七、日常管理

（一）晨午检及全日观察

1. 加强保健人员晨午检及全日健康观察（班级巡视，早点、早餐、午

餐、午点、午睡、离园巡视等）工作力度，及时发现并处理幼儿健康、卫生、安全异常情况，每日至少 2 次，做好观察检查及处理记录。（午睡期间保健医生每小时巡视 1 次，保育老师每 15～20 分钟巡视 1 次）

晨午检及全日健康观察记录表

日期	姓名	班级	晨午检情况	全日健康观察	处理	检查者
			家长主诉与检查	（症状与体检）		

注：记录晨午检和全日健康观察中发现的儿童异常情况。

2. 班级每日做好出勤统计，并询问缺勤原因；幼儿园做好每月出勤统计，分析缺勤原因，有相应的跟踪策略。

儿童出勤登记表

班级：　　　　　　　　　　　　　　　　　　　　　　　　＿＿＿＿年＿＿月

姓名	日期							备注
	1	2	3	4	5	……	31	

注：1. 画“√”代表出勤，画“○”代表缺勤。

2. 查明儿童缺勤原因后在“○”内补全相应的符号，用“×”代表病假，用“—”代表事假。

3. 因病缺勤，需在备注栏注明疾病名称。

儿童出勤统计分析表

托幼机构名称：

年份	月份	在册儿童数	应出勤日数	出勤情况				缺勤原因分析			
				应出勤（人次）	实际出勤（人次）	出勤率（%）	缺勤（人次）	因病（人次）	因事（人次）	休学（人次）	其他（人次）
	9月										
	10月										
	11月										
	12月										
	1月										
	2月										
	3月										
	4月										
	5月										
	6月										
	7月										
	8月										

注：1. 出勤率＝（实际出勤人次/应出勤人次）×100%。

2. 缺勤人次＝应出勤人次－实际出勤人次。

3. 各项百分率要求保留小数点后1位。

3. 班级带班人员做好交接班级记录。记录应含交接时间、幼儿人数、幼儿身心状况、幼儿午睡情况、异常情况处理措施、家长交代事宜。

（二）膳食管理

1. 费用开支：教职工与幼儿膳食要严格分开，幼儿伙食费专款专用，不得克扣与占用。根据当月伙食费收入合理安排膳食，每学期膳食收支盈亏不超过2%。

2. 一周伙食安排。

（1）根据《中国居民膳食指南》，参考《中国居民膳食营养素参考摄入量（DRIs）》和儿童各类食物每日参考摄入量，每周制订科学的带量食谱。

（2）食谱制订应遵循干稀搭配、粗细搭配、咸淡搭配、荤素搭配等健康饮食原则。

（3）根据幼儿出勤人数安排每日食物的用量。

（4）每日食谱不重复，每月的周食谱不重复。

（5）每周向家长公布带量的幼儿食谱。

（6）幼儿当日餐点，成品及其材料均需48小时以上的留样保鲜冷藏。留样食品要求每样不少于125 g，按照品种分别贴好食品留样标签标记，盛放于清洗消毒后的密闭容器内（专用留样器皿），并做好记录（留样时间、留样食品名称、留样人、留样克数等）。

3. 食品烹饪。

（1）按儿童营养需求，烹制适合儿童口味、易于消化吸收的餐点。

（2）加工烹制的食品应符合食品卫生标准，禁止使用食品添加剂，禁止加工腐败变质的食物，少食加工类食品。

（3）在烹调技巧上确保运用科学有效的烹饪方法，减少煎、炸、烤等烹制方法。

4. 检查监督：每天检查和监督食品安全、餐具消毒以及炊事人员身体健康和个人卫生情况。

5. 家长参与：每学期召开1～2次膳食委员会会议，并做会议记录。委员会可由幼儿园负责人和部分家长代表组成，对幼儿的膳食营养进行民主管理。

膳食委员会会议记录表

时间：
出席会议人员：
主持人：
会议议题：
会议记录：

注：1. 由负责召开膳食委员会会议的人员记录。

2. 会议议题简单注明主要讨论及需解决的问题。

3. 会议记录围绕会议议题主要内容。

6. 领导陪餐：执行园领导陪餐制度，每天陪餐，认真记录、分析幼儿进餐情况，发现问题及时调整。

7. 营养测算：每季度至少进行1次营养评估，营养测算结果应送当地妇幼保健机构评估，并根据评估情况做好分析总结、调整和追踪。

8. 特殊膳食：尽可能为贫血、营养不良、食物过敏等幼儿提供特殊膳食。

（三）疾病预防

1. 建立传染病（水痘、麻疹、腮腺炎、H1N1、登革热等）管理应急预案。传染病应急预案含：领导工作机构（标明职务及联系电话）、物资准备、防治措施、疫情报告等方面的要求。

2. 配合上级部门对幼儿预防接种情况进行定期录入、登记，通知漏种儿童及时补种并追踪补种情况。

3. 传染病流行期间，加强晨午检和全日健康观察及卫生消毒工作力度，指导保育员定期对全园内外环境及大型玩具进行消毒处理。

4. 患儿病愈返园时须提供三甲医院出具的相关证明并经园方证实后方可入园。

儿童传染病登记表

姓名	性别	年龄	发病日期	传染病名称									
				手足口病	水痘	流行性腮腺炎	猩红热	急性出血性结膜炎	痢疾	麻疹	风疹	传染性肝炎	其他
合计													

注：患某种传染病在该栏内画“√”。

5. 从运动、饮食、家园配合方面对高危儿进行管理，策略措施有针对性，定期开展追踪评估。

6. 保健室备有幼儿意外伤害外用药，如碘伏、创可贴、红霉素软膏等，做好药品进出仓登记，定期检查存放的药品，及时清除过期药品。

（四）资料建档

1. 健全和完善各类卫生保健档案。

2. 保健档案须专人专档管理。

3. 及时登记整理检查记录和体检记录，每学年及时装订归档。

4. 加强卫生保健档案安全工作，做好防盗、防失、防潮、防虫、防霉等保护工作，确保资料完好无损。

5. 各项卫生登记完善、齐全，记录完整、正确、真实，字迹清晰，不随意涂改。

6. 档案须原件归档，统一使用计算机等信息化手段进行管理，至少保存3年。

（五）健康、安全教育

1. 建立健全幼儿园消防、防震、防暴、防溺、防食物中毒、防踩踏事故等安全应急预案，教职工熟悉应急预案，定期组织开展安全演练。

2. 定期组织教职工开展防恐、防诈骗、防食品中毒、安全生产、消防安全、幼儿急救等方面的安全培训，引导教职工掌握基本急救常识和防范、避险、逃生、自救的基本方法。

3. 应把幼儿安全教育融入一日活动中，定期组织交通安全、消防安全、食品安全、防溺水、防拐等方面的安全教育活动。

4. 做好健康、安全教育记录，定期检查与评估习惯养成、幼儿健康等相关知识的教育落实情况。

健康（安全）教育记录表

日期	地点	对象	形式	内容

注：1. 对象是指幼儿、家长、保教人员等。

2. 形式是指宣传专栏、咨询指导、讲座、培训、发放教育资料等。

3. 内容是指园（所）内各项教育活动的主要内容。

第二章　教育环境质量

第一节　厦门市幼儿园教育环境质量监控指标

项目			考察要点	信息采集
物质环境	园内公共环境	规划布局	因地制宜，整体规划，充分利用，满足幼儿主动、活泼地开展各类活动的需要。	实地察看，观察幼儿活动情况
			提供必要的防暑降温设施设备，支持幼儿不受天气影响畅享户外活动。	
			户外场地地形多样，铺面材质安全、环保，满足幼儿在不同地形、表面上走、跑、跳、攀爬等运动需要。	
			园内植物种类多样，绿化面广，自然种植的育人价值得到充分利用。	
		玩具材料	户外游戏器械、玩具材料符合幼儿年龄特点，安全、环保，种类、数量适宜，以低结构材料为主。	
			有必要的收纳空间及设施设备，玩具材料收纳有序，方便幼儿自主识别、使用和取还。	
			鼓励幼儿自主地、创造性地使用玩具材料。	
	班级环境	空间设施	班级空间功能分区合理，整体环境温馨、舒适，体现对幼儿身体和心理发展需要的关注。	
			围绕本班幼儿发展水平、兴趣和需要整体规划班级内外空间，创设多种活动区角，鼓励幼儿自主开创游戏区域。	
			活动区空间大小适宜，位置合理，有利于幼儿不受干扰，专注活动。	
			师幼共同参与班级环境创设，多形式呈现幼儿的学习与思考。	

续表

<table>
<tr><th colspan="3">项目</th><th>考察要点</th><th>信息采集</th></tr>
<tr><td rowspan="3">物质环境</td><td rowspan="3">班级环境</td><td rowspan="3">玩具材料</td><td>活动区材料符合本班幼儿年龄特点和兴趣需要，安全、实用，按需更新。</td><td rowspan="3">实地察看，观察幼儿活动情况</td></tr>
<tr><td>各类玩具材料、图书等物品收纳摆放整齐有序，方便幼儿识别和自主取还。</td></tr>
<tr><td>鼓励和支持幼儿与材料的深度互动，不随意干涉或中断幼儿的活动。</td></tr>
<tr><td rowspan="4">精神环境</td><td colspan="2">同事关系</td><td>园领导班子凝聚力强，有民主平等的管理方式和较强的服务意识。同事关系融洽，相互尊重、关爱、支持。</td><td rowspan="4">实地观察，访谈教师、家长及幼儿</td></tr>
<tr><td colspan="2">师幼关系</td><td>师幼关系民主平等，保教人员尊重、悦纳、支持每一位幼儿。</td></tr>
<tr><td colspan="2">同伴关系</td><td>幼儿同伴之间相互关爱、合作、支持。</td></tr>
<tr><td colspan="2">家园关系</td><td>家园建立平等合作的伙伴关系，交流顺畅，家长对子女成长有合理期待。</td></tr>
</table>

第二节　厦门市幼儿园教育环境质量监控指标说明文本

环境是幼儿园实施教育的重要载体，创设高质量的环境是构建高质量课程的基础。《幼儿园工作规程》、《幼儿园教育指导纲要》（以下简称《纲要》）、《3～6岁儿童学习与发展指南》（以下简称《指南》）等文件一再强调幼儿园环境的重要性，指出“环境是重要的教育资源”，“应为幼儿提供健康、丰富的生活和活动环境，满足他们多方面发展的需要，使他们在快乐的童年生活中获得有益于身心发展的经验”。

何谓环境？环境是指影响幼儿身心发展的各种自然因素和人工因素的综合体。从空间上看，一个相对完善的幼儿园教育环境包括园内公共环境和班级环境；从环境要素上看，可将幼儿园环境分为物质环境和精神环境。幼儿园环境创设就是从促进儿童发展这一根本立场出发，按照安全、健康、舒适、方便、能吸引幼儿且益于幼儿成长的原则，合理地进行功能分区并综合配置相应的自然、人工要素，使之符合幼儿的行为方式和心理需要，并使幼儿产生审美感受，实现环境的教育功能。

一、园内公共环境

所谓园内公共环境，是指班级室外的幼儿园空间环境，涉及完全露天空间（一般指户外活动场）和半露天空间（连接各班级的公共走廊、过道等区域）。园内公共环境的创设与利用参考如下。

（一）因地制宜，整体规划，充分利用，满足幼儿主动、活泼地开展各类活动的需要

1. 幼儿园应综合考量自身所处区域的社会、自然和经济特点及可利用的场地、空间、自然资源，因地制宜地对整个室外环境做总体规划设计，使室外空间得到充分利用。如下图所示，有的幼儿园在环境规划设计时巧借山坡地势，为幼儿创设了有挑战、有野趣的户外游戏区域。

幼儿园巧借地势创设草坡（厦门市都市港湾幼儿园供图）

幼儿园巧借地势创设戏水区（厦门市都市港湾幼儿园供图）

2. 室外空间规划应因地制宜地为幼儿创设丰富多样的、满足幼儿身心全面发展需要的活动区域。各种各样的区域如器械游戏区、沙地游戏区、戏水区、种植区、饲养区、探险区、休息区等，为幼儿提供多种活动选择，支持幼儿开展他们喜欢的活动。

幼儿园斜坡（厦门市翔安区马巷第二中心幼儿园供图）

幼儿园垂直攀爬区（厦门市海沧区芸美幼儿园供图）

幼儿园户外射箭区（厦门市海城幼儿园供图）

幼儿园沙滩气排球区（厦门市海城幼儿园供图）

幼儿园为幼儿设置的跑道（厦门市第一幼儿园供图）

幼儿园为幼儿设置的骑行道（厦门市翔安区马巷第二中心幼儿园供图）

幼儿在户外种植园地开展劳作（厦门市翔安区大嶝中心幼儿园供图）

幼儿与同伴在秋千区边荡秋千边愉快聊天（厦门市金福缘幼儿园供图）

幼儿在户外开展写生（厦门市集美幼儿园供图）

幼儿在沙池中构图作画（厦门市第一幼儿园供图）

幼儿自主开展运水游戏（厦门市湖边花园幼儿园、厦门市莲龙幼儿园供图）

幼儿在自然草地上自主游戏（厦门市嘉华幼儿园供图）

幼儿在户外开展建构活动（厦门市翔安教育集团福翔幼儿园供图）

幼儿园户外打击乐区（厦门市翔安教育集团福翔幼儿园供图）

3. 幼儿自身的能力水平决定了他们喜欢的身体活动，室外区域应既有较为简单的游戏区域，也有复杂程度较高的游戏区域，让幼儿能根据自己的能力、需要自由选择。

4. 鼓励幼儿自由使用场地、空间、材料，大胆想象创造发明自己的游戏，培养具有终身创造力的儿童。

幼儿自由使用场地、材料发明游戏

（厦门市海沧区东孚中心幼儿园、厦门市集美幼儿园供图）

幼儿组合木板、纸板开展滑行轨道游戏（厦门市集美区北站幼儿园供图）

5. 各区域及相应的游乐设施、材料能得到经常性利用，对于幼儿不常去的区域，不常用的设施、材料，要分析原因，寻找解决对策。

（二）提供必要的防暑降温设施设备，支持幼儿不受天气影响畅享户外活动

夏季炎热，幼儿园要结合本园实情，提供相应的防暑降温设施、措施，为幼儿尽情享受户外活动创造条件。

幼儿园利用建筑阴影遮阳（厦门市同安区滨新幼儿园供图）

幼儿园利用庞大的树冠为幼儿遮阳（厦门市英才幼儿园供图）

尽可能在户外提供直饮水，设置洗手区，方便幼儿就近饮水、洗手。

幼儿园的户外洗手设施，方便幼儿就近洗手（厦门市同安区过溪幼儿园供图）

（三）户外场地地形多样，铺面材质安全、环保，满足幼儿在不同地形、表面上走、跑、跳、攀爬等运动需要

幼儿园可设置不同质地、坡度、形态的场地，在让幼儿获得不同场地上的走、跑、跳、攀爬体验的同时，引发幼儿对各种游戏的联想。

1. 在铺面上，可以用渗水性好的沙土地、砖地、石地、草地、木地、瓷片、软木树皮等铺地。

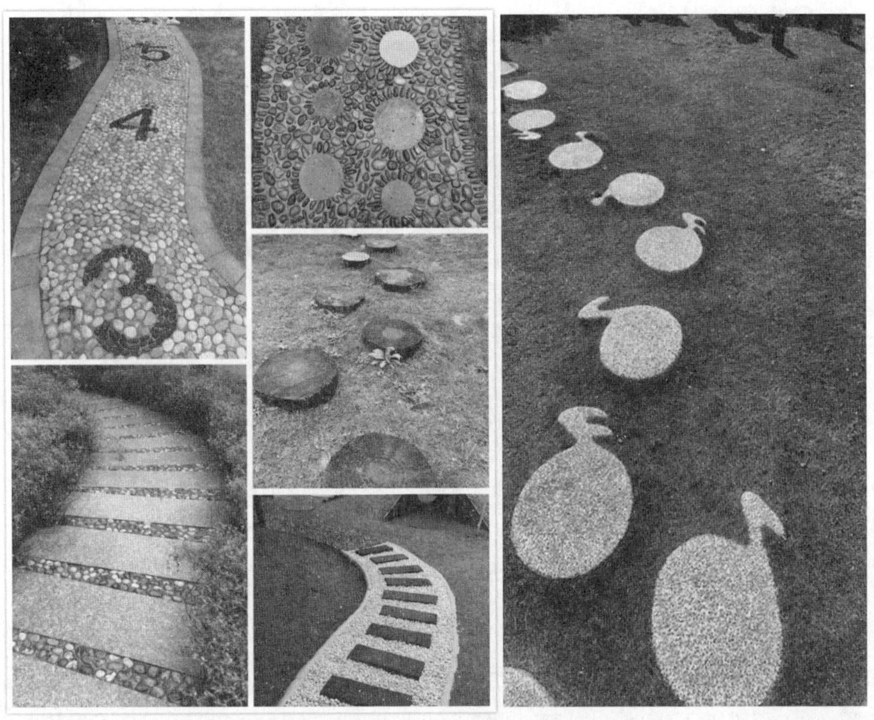

不同材质的小道（厦门市海沧区未来之星幼儿园、厦门市集美区侨英中心幼儿园滨水分园、厦门市金福缘幼儿园供图）

2. 在地表形态上，可以有平地、凹地、斜坡、阶梯、金字塔等地形；可以有陆地，也可以有用鹅卵石、小碎石铺底的小水池或蜿蜒的小溪流等。暂无条件开辟专门戏水池的幼儿园，可提供临时性充气游泳池或大塑料盆给幼儿嬉水。

小山坡给户外环境增添野趣（厦门市集美区侨英中心幼儿园滨水分园供图）

上海市嘉定区安亭幼儿园户外绵延起伏的草地

3. 各区域场地边界的处理上，在保障幼儿安全的前提下，可采用低矮木栅栏、圆木桩、灌木丛、大石块、有几何图形空洞的板块等对场地进行围合及分隔，也可利用下沉式的处理方法让幼儿识别不同的游戏区域。分隔空间不是为了限制交往，而是为了便于幼儿识别不同的游戏区域。

（四）园内植物种类多样，绿化面广，自然种植的育人价值得到充分利用

1. 园内植物种类多样，尽可能体现四季有花开、年年有果实。让幼儿在观察欣赏各类花卉果树的四季变化中感知自然规律，体验发现、收获的喜悦。可从树木的高矮、叶子的形状、落叶与常绿、树叶的颜色、树皮的纹路、是否开花、花的种类和气味、是否结果等多方面加以考虑和选择，确保植物的多样性。园内的草地也宜种植多种草，供幼儿观赏、比较。

2. 保证植物的安全性，不应种植有毒、带刺、有飞絮、病虫害多、有刺激性的植物；成丛种植的灌木或草本植物不宜过高，宜低于 0.30 m，也不宜过密，否则会遮挡光线和视线。

3. 园内绿植覆盖率不低于 30%，尽可能全域化（利用一切可利用的空间）种植，让幼儿随时随处可观赏观察。

4. 自然种植（种植环节、管理环节、收获环节）的课程价值得到充分利用。[①] 幼儿园应开辟专门的种植区，从种植环节、管理环节到收获环节可能产生的一系列活动，尽可能让幼儿来决定和做。

例如种植环节的育人价值体现在种植活动的计划和落实两部分。种植活动计划部分，教师可引导幼儿事先观察评估种植空间，选择植物种子或苗以及种植工具、方法，讨论如何分工合作等。落实种植计划的过程中，教师可引导幼儿尝试具体的种植行动，每一次种植后，教师可以与幼儿一起讨论，帮助幼儿整理、提升经验，形成种植的基本经验，如挖土、播种、插苗、填土、浇水等，以便幼儿日后可以按照此步骤种植类似植物。

再如管理环节的育人价值。园内公共种植区可由各班级分别管理，具体管理工作涉及浇水、捉虫、除杂草、松土等事项。管理过程也是重要的观察过程、收获惊喜的过程。教师可引导幼儿仔细观察植物的生长情况，鼓励幼儿用各种方式记录植物的变化。

幼儿用放大镜观察花朵（厦门市吕岭幼儿园金安里分园供图）

最后是收获环节的育人价值。尽可能选择会开花结果的植物，如常见的苹果、桃、李、杨桃、龙眼、柿子、葡萄、香蕉、百香果等，每一种果实都有自己的收获时节和收获方式。收获果实需要幼儿之间的协作，收获、品尝果实能让幼儿感受果实的颜色、味道、形状、重量、数量，获得很多新的经验，引发进一步探究。品尝自己种植和收获的果实，也能让幼儿体验到自我价值。

5. 幼儿能自由享受自然野趣。在游戏导向的自然环境里，幼儿可发现很

① 虞永平. 种植园地与幼儿园课程［J］. 幼儿教育，2010（5）：6—7.

多神奇的自然现象，认识很多有趣的动植物，也能在这里捉迷藏、画画、大笑、奔跑、聊天、扮家家、阅读、捡落叶等，成人应允许幼儿做这些他们想做的事情，不予制止。

6. 为幼儿配备适宜的观察、测量及其他可以用于研究、实验的工具材料，如不同规格的放大镜、儿童显微镜、望远镜、尺等，供幼儿自主取用，支持幼儿更好地观察、了解植物。

（五）户外游戏器械、玩具材料符合幼儿年龄特点，安全、环保，种类、数量适宜，以低结构材料为主

1. 户外所有的游戏器械、玩具材料都符合国家安全标准，安全清洁，结实耐用，定期检查维修，游戏活动前也要进行仔细检查，发现问题或隐患及时处理。

2. 游戏设施、器械之间保持安全间距，防止幼儿游玩中的惯性造成冲撞。

3. 墙角、窗台、窗口竖边、玩具柜等的阳角处应做成圆角，或安装防撞条。

4. 在易发生危险的地方附有必要的安全标识，提示幼儿注意自我防护。注重日常安全教育。

（六）各类游戏器械、玩具材料能满足幼儿身体充分活动的需要

1. 游戏设施和玩具材料种类丰富。户外场地属于公共游戏区域，玩具材料投放宜丰富多样，有适合不同年龄与不同能力需求的玩具材料、器械，方便幼儿自主取用。

种类上，以能使幼儿的身体得到充分运动和锻炼的游戏材料、器械为主，需有利于发展幼儿全身各部位动作协调性、灵活性以及身体各处肌肉的耐力。可参考《指南》中关于幼儿动作发展的建议来选择室外玩具材料：一类是有利于发展幼儿身体平衡和协调能力的材料、器械；另一类是有利于发展幼儿动作协调性和灵活性的，如能支持幼儿跑跳、钻爬、攀登、投掷、拍打的玩具材料和器械，确保幼儿的身体得到充分的运动和锻炼。具体可借鉴《福建省示范性幼儿园教玩具配备目录》或其他省市地区的教玩具配备要求中关于

室外教玩具配备的建议。

2. 设施、材料的数量适宜，避免数量过少引发幼儿的争抢，也要避免投放数量过多，干扰幼儿选择的同时，造成场地空间拥挤。

3. 注重对幼儿的艺术熏陶。户外活动设施、游戏材料不仅应满足功能要求，还需关注对幼儿的艺术熏陶。艺术化的处理不仅增加了游戏场地的美感，也使幼儿在潜移默化中受到感染。

厦门市翔安区大嶝中心幼儿园户外一隅，粉色洋紫荆映衬着蓝天白云，美不胜收，白墙上随风舞动的花影带给幼儿美好的想象

厦门市第一幼儿园涂鸦墙，幼儿在此可欣赏自然美景、大师作品，也可随性创作

4. 有一定的探究性，能引发幼儿探究欲。户外不仅可以是充分锻炼幼儿身体的场所，也可以是激发幼儿好奇心和求知欲的良好学习基地。例如，幼儿园在户外提供了压水设施，幼儿需花费一定的力气有节奏地压抬杠杆，才能将水不断地打出来。幼儿还找来竹筒、塑料管作为输水管，把水引向沟渠，使其流向不远处的沙池，供沙池中的幼儿自行取用。幼儿还可在户外操作挖土机，也可体验搅拌运输系统的工作流程。

幼儿在探究引水（厦门市同安区西柯中心幼儿园供图）

（七）能移动的玩具材料有收纳空间，摆放整齐有序，方便幼儿识别和自主取还

1. 有收纳存储空间，就近存储，高度适宜。

玩具材料不用时，需分类清楚、井然有序地被放置在固定的收纳空间。收纳空间可以是专门的玩具材料收纳柜，也可以利用设施自有空间。为方便幼儿使用，供幼儿游戏用的材料应储存在使用区附近，如玩沙用的工具材料就储存在沙池周围，幼儿想用时随时可以拿取。

幼儿园内的玩具收纳区域（厦门市教科院附属幼儿园、厦门市海沧区东孚中心幼儿园、厦门市海沧区佳鑫幼儿园、厦门市思明区艺术幼儿园供图）

此外，玩具储存设施的高度应适宜，既便于幼儿浏览内置的各类玩具，又让幼儿不用向成人求助就能自主取用想玩的玩具，自主归还放置玩具。

幼儿把材料搬回收纳架（厦门市海沧区东孚中心幼儿园供图）

2. 材料分类清楚，摆放整齐，便于取还，有图片提示帮助幼儿识别。

玩具材料归类清楚，摆放整齐。开放式陈列有助于吸引幼儿注意力，激发其好奇心，吸引幼儿去接触材料。因此，建议收纳材料的容器开口朝外或使用透明塑料材质的储物柜。如果是封闭式不透明储物柜，宜将储物柜内放置的玩具材料的实物照片张贴在柜门上的对应位置，便于幼儿通过图片知晓内置玩具，决定是否打开柜门。

张贴实物图片（厦门市海沧区未来之星幼儿园供图）

柜子里物品整齐放置（厦门市海沧区未来之星幼儿园供图）

3. 有必要的规则提示。

以简洁明了的图示或标识，提醒幼儿安全取放器械材料的顺序、最佳使用人数、归还放置的位置等必要信息，方便幼儿自我教育、自我服务，使他们不必事事向成人求助。图示或标识宜使用正面语气如“轻轻放”“请排队”，不使用“不要抢”等负面语气。如幼儿园为每一辆玩具车制作了车牌，并在存放设施上也张贴了对应的车牌，幼儿在还车时，就可以将车放置在相应的位置。

（八）鼓励和支持幼儿自主地、创造性地使用玩具材料

1. 教师应允许幼儿自由选择想玩的区域和玩具材料，鼓励幼儿多尝试不同区域和玩具材料。

2. 注意观察幼儿的游戏，根据实际需要为幼儿提供必要的支持，无特殊

情况不随意干预或中断幼儿的游戏。

3. 鼓励幼儿自己搜集、补充游戏材料。

4. 鼓励幼儿对玩具材料使用创意玩法。

二、班级环境

班级是幼儿长期生活的地方，其环境以舒适温馨为宜，让幼儿感受如家一般的温暖自在，同时也能在其中收获成长。

（一）功能分区合理，可为幼儿的游戏、学习、睡眠、盥洗、如厕等各项活动提供适宜空间

1. 合理规划空间，活动室、卫生间、物品储存间、寝室等基本功能区齐全，幼儿每日的盥洗、如厕、用餐、休息、游戏、学习、收纳等活动均有相应且相对充足的空间。

2. 功能区设置依据采光适宜、用水便利、动静分离等基本原则。

3. 功能区的规划在视线上要有利于保教人员整体照看幼儿。

（二）整体环境舒适、温馨，符合不同年龄段幼儿身心特点

班级是幼儿长期生活的场所，适宜的班级环境在设计与布置上应尽可能让幼儿产生舒适、温馨的体验，有家庭的延伸感。

1. 舒适温馨的光和空气环境。

（1）活动室自然采光充足，或至少有一半的活动室空间能被自然光照射到。

（2）地板、墙面、天花板及各类家具的颜色以柔和与雅致的色调为主，且色彩搭配简洁、协调，避免杂乱、对比强烈的色彩和图案。

（3）室内通风顺畅，清洁和除菌工作细致，空气清新无异味。

（4）选用环保的家具、材料。

（5）电脑、电视等放置在幼儿不易靠近、接触的地方，不用时及时关闭。

（6）室内摆放可改善空气质量的绿色植物。

2. 音量适宜的声环境。

（1）幼儿园选址尽量远离噪音源。

（2）不同班级之间有走廊、墙壁等能对噪音起缓冲作用的设施。

（3）活动室天花板高度适宜，对易产生噪音的区域做好隔音处理。

（4）尽量利用玩具柜、小书柜、小屏风、纱幔、小沙发等，将活动室划分成若干个小空间（容纳人数最多不超过 5 人，具体人数根据活动需要而定），避免人数过多引起嘈杂。

（5）不提供会带给幼儿听力伤害的玩具。

（6）园内、班级播放的各类音乐与广播音量适宜，避免音量过大与嘈杂。

（7）活动室环境不需要追求绝对安静，达到声环境的舒适化即可。大多数时候，班级整体的声音是愉快的（愉快的笑声、兴奋的叫声、忙碌的活动声、愉快的交谈声）。

3. 适合幼儿年龄特点的设施尺寸。

（1）幼儿使用的桌、椅、储物柜、玩具柜、盥洗池、厕所等，高度、宽度、深度、大小符合不同年龄段幼儿的生理特点，幼儿使用时感到便利、舒适。

（2）活动室中所展示的幼儿学习内容、作品、活动标识、玩具等高度适宜，以与幼儿视线平齐的高度为准，可在这个高度上下做适当延伸，下到地面，上到幼儿的手能触及的高度，以 1.50 m 为宜，方便幼儿观察、欣赏、触摸、使用。

（三）鼓励幼儿主动参与环境设计与布置，环境中有供幼儿展示探究历程、学习内容的空间

1. 尊重幼儿的主体地位，鼓励幼儿主动参与环境设计与布置。

对于班级环境的设计与布置，教师不应提前耗费大量时间包揽。班级环境创设的过程是师幼共同参与并在其中互相交流、对话、沟通的过程。教师可将环境创设作为一项重要的教育手段，借由引导幼儿参与环境规划设计与布置，实现多重教育目标，如培养幼儿民主参与意识，培养幼儿的环境规划设计、动手制作、与人协商、解决问题等能力。幼儿通过环境创设也能实实在在地体验到集体归属感和自我价值。因此，在班级环境设计与布置上，应尽可能地为幼儿提供机会，幼儿能做的尽量让幼儿做。教室中可提供相应的

空间供幼儿陈列、展示自己的作品。

幼儿作品的陈列展示空间（厦门市实验幼儿园、厦门市第一幼儿园、厦门市集美幼儿园、厦门市莲龙幼儿园、厦门市集美区北站幼儿园供图）

当然，幼儿对班级环境的贡献，不仅仅是在班级环境中展示自己的作品，随着幼儿年龄的增长，经验的不断丰富，教师可以鼓励幼儿主动参与班级环境的规划、设计、布置，让幼儿的意见和建议体现到班级环境中，让班级真正成为幼儿喜欢且需要的环境。

幼儿自行规划设计并制作班级玩具收纳柜，解决玩具收纳难题（厦门市集美幼儿园供图）

幼儿布置班级画展（厦门市集美区北站幼儿园供图）

幼儿规划设计的拖鞋收纳区域（厦门市莲龙幼儿园供图）

幼儿自主设计、布置的班级墙面（厦门市集美区宁宝幼儿园供图）

幼儿观看交流自己的作品（厦门市第一幼儿园供图）

2. 支持幼儿多形式表征自己的探究历程及学习内容。

环境作为课程的有机组成部分，应是反映幼儿学习内容的载体，会自然地随着幼儿活动的丰富、深入而发生相应变化。

对幼儿的探究历程、学习内容的记录主体宜多元，既可由教师记录，也可由幼儿记录；记录形式宜多样，教师对幼儿学习和发展的记录不能仅靠幼儿画记。幼儿有一百种语言，教师要看到幼儿通过语言（鼩鼱和老鼠长得很像，但它不是坏人）、作品（幼儿了解鼩鼱形象特点后制作出角色扮演道具）、动作（在角色扮演中惟妙惟肖地表演鼩鼱）等多种途径展示出的水平、兴趣和需要。

（四）提供多种学习和游戏区角，活动区标识明显，避免互相干扰，便于幼儿识别选择

1. 将班级活动室视为一个大的游戏/学习场，将其分成若干游戏/学习区角，支持幼儿全面发展。

2. 区角命名不必追求统一，以幼儿能听懂为宜，可配上该活动区的典型活动图片来帮助幼儿理解进入该区角可以做什么、需要做什么。

3. 各活动区在场地布局上，尽可能做到干湿分离、动静分开，需要用水的区角尽可能靠近盥洗室。

4. 各区之间保持通道顺畅，使幼儿从一个区转换到另一个区时不干扰其他幼儿的活动。

5. 鼓励幼儿有意义地跨区交流、合作。

6. 除常规活动区外，也可以安排特色主题区，如木偶区、皮影戏区、室内微运动区等，根据幼儿的兴趣和当时的课程需要而定。

（五）活动区玩具材料符合各区功能定位，安全、卫生、结实耐用，按需更新

1. 基于活动区功能提供玩具材料。

活动区玩具材料不应随意提供，应结合各区的功能定位来投放，为幼儿提供该区所属主题或领域相关的学习经验。以下列举几类常见活动区及参考投放材料，教师可结合班级的实际情况灵活选择。

（1）阅读区。

阅读区是幼儿开展阅读、听故事、创作故事等安静活动的地方，阅读区里可投放适宜幼儿年龄特点的图书、故事播放机以及供幼儿创作的纸笔等。语言游戏区不宜设置在阅读区内，会干扰阅读中的幼儿。

需要指出的是，班级的阅读区不限数量、场地。阅读可以在专门的阅读区进行，也可以在其他需要阅读的活动区域进行。例如：幼儿在自然观察角不仅可以观察昆虫，还可以通过查阅有关昆虫的图书进一步了解昆虫；教师在科学游戏区投放磁铁供幼儿探究，同时也可以提供有关磁铁的读物；教师准备的建构游戏材料，也可以包含世界各地造型各异的建筑物、雕塑等的图片集。

幼儿园在自然角中投放图书供幼儿查阅（厦门市海沧区新阳幼儿园供图）

幼儿园为满足大班幼儿研究中草药的兴趣设置的图书角（厦门市嘉华幼儿园供图）

幼儿园配备的图画书应符合幼儿年龄特点和认知水平，有益于幼儿身心健康发展。

（2）操作区。

该区主要投放可促进幼儿小肌肉动作技能（包括手指灵活性、手和手臂的协调性、手眼协调性）和自我服务技能（用器皿吃饭、扣扣子、拉拉链、系鞋带、倒水等）发展的材料。适合操作区的材料可参考下表。

适合操作区的材料

类别	例举
发展指尖抓握能力的材料	牙签、筛子、滴管、镊子、勺子、木筷、衣扣、鞋带、拉链等。
增强握力和挤压力的材料	喷雾器和彩纸、纸张打孔机、衣夹、坚果钳和坚果等。
发展左右对称的小肌肉协调能力的材料	有扣子的衬衫、两个透明罐子（用漏斗将水从一个罐子灌到另一个罐子里）、用来撕的报纸、用来撕的棉花球、订书机和纸等。
发展手眼协调能力的材料	钉子和木桩、用来倾倒的各种物品与盘子、用来剥的豌豆、套娃、拼图、小的建构材料（如乐高玩具、滚珠球等）。
发展手腕旋转能力的材料	配对的盖子和罐子、瓶子，螺帽和螺栓，各种规格的锁和钥匙，可拆装的物品等。
发展手腕稳定能力的材料	桌上画架等。
发展手指灵活性或需移动单个手指进行操作的材料	手偶等。
发展拱手能力（促进手部总体发展）的材料	小钳子或衣夹、套在手上的袜子偶（通过手的张合，使偶“说话”）。

（3）感觉区。

感觉区主要投放能给幼儿带来不同触觉体验的材料（如动物皮毛、布等）。除此之外，也可以根据班级情况，提供水及玩水用的材料，比如可以投放用于沉浮实验的材料、制作小船的材料、给玩具娃娃洗澡的材料，用于舀水、运水的工具材料，材料的投放取决于教师设定的玩水目标和幼儿的兴趣。

（4）科学区。

科学区材料包括物理科学类、生命科学类、地球与空间科学类材料三类。

物理科学类材料主要供幼儿探究无生命事物及现象，比如液体、泡泡、沉浮、运动和磁铁等。

生命科学类材料主要供幼儿探究有生命物体以及它们与环境之间的关系，动物、植物是该区常见的探究对象。

地球与空间科学类材料主要供幼儿探究土壤、岩石、水与冰、四季等事物和现象。

（5）数学区。

数学区应提供能发展幼儿分类、排序、数字（计数、比较、一一对应）、空间、时间等方面关键经验的材料。

（6）建构区。

建构区材料应包括：

①不同材质（木头、泡沫、海绵、易拉罐、牛奶箱、纸板等）、体积、形状的积木块。

②适量的辅助性游戏材料。如动物玩具、玩具小人、景观材料、交通类玩具等。

③能提供建构想法和信息的材料。如建构类杂志，关于世界各地有特色的建筑物和景观类的书籍、影集，幼儿建构作品的照片等。

除以上材料外，建构区也可以适当提供书写材料，诸如幼儿设计图纸需要的纸和笔，用于制作建筑物标签的纸、小剪刀、胶带等工具，用于记录幼儿的建构故事和建构经历的记录本等。

（7）角色游戏区。

角色游戏区不只是娃娃家、小吃店、理发店，其主题可丰富多样，既可以是教师预设好的，也可以是幼儿提出的，比如有的幼儿有机场安检的经历，对机场安检工作很感兴趣，想在班级创设类似安检的区域也是可以的。

（8）美工区。

幼儿在班级环境中应该随处都可以感受到艺术，当然也需要专门的美工区供幼儿感受、欣赏、表达、创造。美工区应该富有美感并提供丰富的工具和材料。

①适合艺术欣赏的材料。如可投放名画册、名胜风景图册，安排有审美趣味的自然物品展览（如鼓励幼儿把捡来的石头、贝壳、树枝、干草等自然物，以艺术化、趣味化的方式拼摆陈列），临摹名画并将之作为美工区墙面背景营造艺术氛围，为幼儿提供便于观察作品细节的放大镜。

②适合艺术创造的材料。如为幼儿提供基本的艺术创作材料（画笔、胶带、订书机、打孔器、尺子、胶水、剪刀、纸张）、颜料画材料、拼贴画材料、雕塑材料、制作模型的材料（黏土），以及幼儿工作服。

（9）音乐区。

①感知、欣赏音乐类的材料。可播放不同旋律的音乐和各种声音（如自然界中的流水声、鸟鸣声），提供乐队指挥棒、小展台供幼儿指挥音乐，展示不同乐器的挂图或相关书籍等。

②歌唱和乐器演奏类的材料。可提供各类乐器（如架子鼓、三角铁、响铃、木琴、电子琴）、幼儿自己创作的乐器以及可演奏的音乐等。

③音乐创作类的材料。可提供各式供幼儿即兴创作歌曲的乐器，提供录音机等录音设备。

（10）微运动区。

可利用活动室内的桌子、椅子、地垫等物品，充分挖掘室内空间的运动价值，巧妙布局，增设室内运动器械，为幼儿创设丰富、有趣、适宜的室内运动环境，鼓励幼儿自主设计运动小游戏，满足幼儿的运动兴趣和需要。

以上各个区域的游戏和学习材料应确保安全、卫生，结实耐用。为了保持区域对幼儿的吸引力，教师需根据需要适时添加新材料，替换掉幼儿不再使用的材料。在教师移走材料之前，应保证所有的幼儿都有机会操作材料和工具。

2. 活动区材料摆放有序，便于幼儿识别和取还。

（1）活动区提供的材料分类储存、有序摆放，从视觉上给人愉悦感，激发幼儿接触材料的愿望。整洁有序的材料摆放，也能让幼儿在耳濡目染中发展秩序感，养成良好的收拾整理习惯。

（2）活动区及使用材料的“规则提示”便于幼儿理解。“规则提示”产生于幼儿活

幼儿园的材料柜（厦门市海沧区未来之星幼儿园供图）

动过程中的问题和需要，因人、因物灵活运用。规则涉及空间、时间、操作程序、合作要求等多种角度，表现的形式也丰富多样。

①关于空间使用的规则提示。为了让幼儿更专注地活动，同时避免给其他人的活动造成干扰，需要给予幼儿的活动空间一定的界定。保教人员可利用低矮的屏风、容纳人数不等的桌子、大小不同的地垫、纱幔、地板画线等多种工具与方式调整空间大小。

幼儿游戏空间划分提示（厦门市第一幼儿园供图）

②关于安全行为的提示。如使用剪刀等有风险的工具时需要谨慎操作，保教人员宜在区域适当的位置或工具旁设置必要的标识。

③关于文明行为的提示。可在活动区柜面、墙面、地板上贴上相应的标识，来提醒幼儿保持安静、端正坐姿、有序排放物品。

以上各种标识的制作及呈现，宜以图为主，必要时配以相应的文字说明，确保幼儿能够识别。活动区规则产生于幼儿活动的需要，是为了保障活动室里每一个人的活动能够不受干扰，规则的制订本身隐含着教育价值，师幼可共同商讨制订。

（六）支持幼儿与材料的深度互动，不随意干涉或中断幼儿的活动

1. 教师应尊重幼儿，允许幼儿自由选择自己想玩的区域和玩具材料，鼓励幼儿多尝试不同区域和玩具材料。

2. 注意观察幼儿的游戏，根据实际需要为幼儿提供必要的支持，无特殊情况，不随意干预或中断幼儿的游戏。

3. 鼓励幼儿自己搜集、补充游戏材料。

4. 鼓励幼儿对玩具材料的创意玩法。

三、精神环境

高质量的教育环境不仅注重物质环境即“硬环境”创设，更注重精神环境即“软环境”的营造。精神环境主要包括成人的教育态度、对幼儿的期望和师幼关系状况。幼儿与同伴之间、与保教人员之间的关系影响教育氛围，高质量的教育氛围能让幼儿感到安全，使他们的积极行为增多。幼儿早期处于具有情感支持的环境，也会为他们今后的学习、生活、发展奠定基础，尤其对学习有困难的幼儿来说，特别有帮助。

能让幼儿体验到平等、关爱、支持的精神环境如下。

（一）园领导班子凝聚力强，有服务意识和民主平等的管理方式。同事之间相互尊重、关爱、支持，人际关系融洽

1. 园领导有大局意识，能团结凝聚全园各岗位人员的力量，各类人员都有较强的集体归属感。

2. 幼儿园管理以人为本，去繁就简，各岗位人员的专业性和工作付出都能得到充分的尊重，各岗位人员能专注于本职工作。

3. 班级保教人员之间能够对彼此的付出给予真诚的赞赏、感谢，有需要时互相帮助。

4. 保教人员之间意见不一致时，能保持良好的心态，积极、真诚地沟通，不在幼儿面前发脾气、互相指责，或在幼儿面前表露对其他成员的不满。

5. 保教人员情绪稳定，遇到突发状况时能合理表达自己的情绪，不暴喜暴怒，不过于慌张、忧虑。

“儿童是一个热情的观察者，他特别容易被成人的行为所吸引，进而模仿他们。”幼儿通过观察成人的交往辨别正确或错误，习得交往技能。幼儿园里的每一位成人都应注重平时的修养，努力使自己成为有教养、与他人和谐共处的人，才能随时随地给予幼儿正面的示范和引导。

（二）师幼关系和谐，教师尊重支持每一位幼儿

1. 教师表现出对幼儿的尊重、关爱、兴趣。

（1）与幼儿谈话时，能经常蹲下来，与幼儿处于同一视线水平交谈。

（2）经常通过微笑、抚摸、拥抱等温暖善意的肢体语言与幼儿交流。

（3）主动与幼儿进行有意义的谈话，倾听幼儿的谈话。

（4）对幼儿的探究发现、提出的观点表现出感兴趣。

（5）平等对待不同家庭背景、民族、宗教信仰、长相、性别的幼儿，为每一位幼儿提供参与所有活动的平等机会（如认可男孩女孩在角色游戏中都可以尝试他们想要的角色、道具，男孩也可以当护士，女孩也可以当警察；表扬或批评幼儿时，避免与性别相联系，如“你看你上蹿下跳，哪里像个女孩子?!”）。使幼儿明确不可嘲弄与歧视他人。

2. 教师在幼儿视线可及的地方，能及时对幼儿做出反应。

（1）及时地安慰情绪低落的幼儿。

（2）对幼儿提出的问题和需求做出反应。

（3）即使在与个别幼儿互动时，教师也能关注其他幼儿的活动。

（4）观察每个幼儿，不打断正在主动活动的幼儿。

3. 根据幼儿年龄培养幼儿的独立性，让幼儿体验成就感。

（1）让幼儿做自己能做的事，决定他们能决定的事，不包办替代。

（2）允许幼儿自主选择，并从后果中学习。尽可能给幼儿选择的机会，使他们变得独立。幼儿从自主选择的后果中能够学习到为自己的选择负责，感受到自己的力量。

（3）与幼儿共同商议制订班级规则，确保规则清晰且始终如一，不朝令夕改，保教人员也遵守共同制订的规则。如教师要求幼儿不在班级中随意跑动、大声说话，教师也要以身作则。

（4）尽可能以个别指导的活动和小组活动代替集体活动，让幼儿有更多与教师互动的机会，增强幼儿参与活动的积极性、主动性。

（5）提供不同难度水平的活动供幼儿选择，满足不同幼儿的需求，适应幼儿不同的发展水平。

（6）为幼儿提供他们能胜任的挑战性活动，给予他们技能和目标设立上的支持。

（7）当幼儿达到个人目标时给予认可，如“我知道你想自己爬上攀岩墙，

你做到了”。使用鼓励性评价，鼓励幼儿不断努力，如“我看到你在很努力地完成拼图，只剩下四片了”。

（8）避免竞争。鼓励幼儿做他们自己目标的主人，允许幼儿按照自己的计划来学习、感受、表达、创作、游戏等。

4. 不运用对幼儿造成伤害、羞辱、恐吓的体罚或其他惩戒方式。允许、鼓励幼儿表达与别人不一样的意见和建议，不讽刺、挖苦、嘲笑。

（1）幼儿做错事时，不埋怨、恐吓，先理解，再找解决对策。把幼儿做错事看成教育幼儿的契机。例如，幼儿不小心把牛奶洒在桌上，保育员看到后很恼火，一边拿抹布擦一边埋怨：“你看看，说过要小心点，不要洒出来，人家都能做到，就你做不到?!”同样的问题可这样回应：“我相信你是不小心把牛奶洒出来的，没关系，咱们一起把桌子擦干净。”这样的处理方式，不仅保护了幼儿的自尊心，也教育幼儿遇到状况时及时处理更为重要。而第一种处理方式显得较为粗暴，会让幼儿惧怕犯错，以后遇到类似状况时，倾向于逃避而不是采取积极地应对处理的态度和行为。

（2）宽容地回应与处理幼儿的突发生理状况。遇到如幼儿呕吐、尿裤子、大便拉在裤子里等情况时，应意识到发生这样的事情肯定不是幼儿的主观意愿，简单粗暴的处理会给幼儿的人格发展造成消极影响。有幼儿尿裤子或大便拉在裤子里，保教人员应及时把幼儿带到较隐蔽的空间更换衣物，尽量避免在其他幼儿面前暴露这件事，保护好幼儿的人格尊严。

5. 鼓励幼儿同伴之间相互关爱、支持、合作。

（1）尽可能创造有益于增进同伴之间相互认识、相互了解的机会，使他们形成一个有凝聚力的团体。例如：早上来园鼓励幼儿之间相互问候、拥抱；每一位幼儿都可以在班级中展示自己及家人的照片、物品等；创造机会让幼儿相互了解同伴的家人、家乡等。

（2）创设鼓励幼儿相互关心的班级环境。例如：在每日的点名环节，教师可向当日到园的幼儿说明缺席幼儿的情况，引导幼儿对缺席幼儿表示关心；当教师发现幼儿向同伴或老师表示关心、提供帮助时，应给予及时的肯定。

（3）允许幼儿在正式或非正式的集中、小组活动中与同伴互动、交流、分享。例如：分享个人趣闻、作品，交流活动中的发现；午餐或点心时间小声交谈当天的餐点等。

（4）创设鼓励幼儿相互合作的班级环境。区域中可投放供幼儿与同伴共同游戏的玩具材料；幼儿喜爱的材料确保投放充足，避免因争抢材料发生不必要的冲突；创设为完成共同目标而合作的小组或全班活动等。

幼儿合作探究、游戏（厦门市湖里区蒲公英幼儿园供图）

（5）创设鼓励分享的班级环境。创造让幼儿与同伴分享所有物、分享玩具、分享快乐的机会。

6. 帮助幼儿觉察和控制自己的负面情绪。

（1）帮助幼儿学习识别情绪并用语言描述情绪。比如当幼儿因玩具被同伴抢走或摔坏而发脾气时，教师可以帮助幼儿用语言向对方表达自己的情绪：“你抢走了我的玩具，我很生气。”“我的玩具摔坏了，我很难过。”

（2）帮助幼儿找到正确处理情绪的方法。幼儿被负面的情绪所控制时会做出攻击性行为，伤害自己和别人，教师可以教幼儿一些冷静下来的方法、技巧。例如：当感到愤怒时可深呼吸几次，用手轻拍自己的胸口并对自己说“我可以”；可设置一个“独处屋”，当幼儿有情绪时，可以进“独处屋”，听听音乐、看看书，把自己的情绪画出来或一个人待着什么也不做，以冷静自己的情绪；还可设置一个“和平谈判桌”，当幼儿之间发生冲突时，先去“和平谈判桌”把自己的情绪告诉对方，再商讨解决办法；等等。

（三）家园平等合作，交流顺畅

1. 班级教师尽可能与每一位家长建立顺畅的沟通途径，便于及时分享交

流幼儿的情况与需求。

2. 可通过家园联系栏、网络通信平台、家访、家教讲座、亲子活动、开放日等多种途径经常性地向家长宣传科学的育儿观念，引导家长珍视童年的价值，对子女成长形成合理期待，发现家长有揠苗助长、摧残幼儿童年幸福的行为时能及时纠正。

3. 建议家长在家庭生活中营造民主宽松的家庭氛围，培养幼儿积极乐观的生活态度。

第三章　课程质量

第一节　厦门市幼儿园课程质量监控指标

项目		考察要点	信息采集
课程实施方案	方案编制	坚持党的教育方针，依据相关法规文件的精神，结合本区域资源特点和本园原有的课程基础等，制订课程规划或课程实施方案，思路清晰，符合幼儿教育规律，符合社会主义核心价值观。	查阅资料，教师访谈，实地考察
		树立“一日生活即课程”的理念，能在一日生活各环节中落实《纲要》《指南》的目标要求。	
		内容符合幼儿的年龄特点、已有经验、兴趣需要、生活实际等等，保证每个幼儿有丰富的活动经历与体验。	
		注重幼儿学习与发展的整体性，树立整合的教育观，课程编排科学、合理，以游戏为基本活动，促进幼儿全面而富有个性地发展。	
	方案管理	课程实施方案经教代会审议通过，并为全园教职工及家长所了解。	
		建立健全有利于教职工开发、组织、实施和改进课程的激励机制，促进课程可持续发展。	

续表

项目		考察要点	信息采集
课程组织与实施	课程组织	幼儿园保教工作计划能围绕园本课程实施方案制订。	查阅班级计划和周、逐日计划
		将劳动教育、中华优秀传统文化教育、品德启蒙等内容有机融入一日活动之中，依据本班幼儿年龄特点及兴趣需要制订班级计划、周计划、逐日计划。	
		一日生活的安排应具有稳定性、规则性和相对灵活性，动静交替、室内外结合，各环节过渡自然有序。	
		活动涉及多个领域，体现启蒙性、均衡性和综合性，适当考虑现实社会和未来社会对人才培养的需求。	
	课程实施	因时、因地、因内容、因材料灵活组织各类活动。	了解班级作息安排，实地察看、了解教师及幼儿
		引导幼儿在生活与游戏中通过直接感知、实际操作和亲身体验获得经验。	
		重视预设和生成，教师主导的活动和幼儿自主的活动有机结合。	
	师幼互动	营造宽松、平等、相互关爱并支持的心理氛围，让幼儿感到温馨、安全。	
		关注幼儿在活动中的表现和反应，努力理解幼儿的想法与感受，敏锐地察觉他们的需要，及时以适当的方式回应，形成合作探究式的师生互动。	
		尊重幼儿学习与发展的个体差异，因人施教，使每一名幼儿都获得成长。	
	家园共育	善用多种途径，向家长宣传课程理念，帮助家长树立正确的课程观和儿童观，理解教师在课程实施中的专业性，引导家长积极参与并支持幼儿园的教育活动。	查阅家教宣传、家园联系等活动材料；个别访谈，了解家长对幼儿园课程的认同度、参与度情况
		吸纳家长成为幼儿园课程实施的合作伙伴，积极为家长提供参与幼儿园课程实施与管理的机会。	

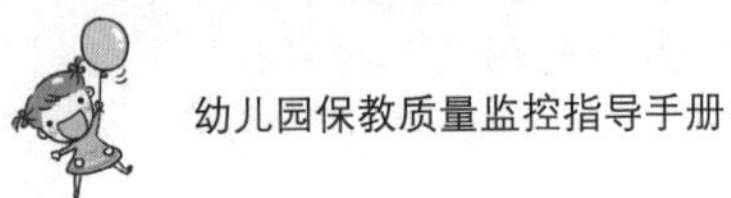

续表

项目		考察要点	信息采集
课程资源	资源管理	建立课程资源开发、筛选、共享与利用的机制，不断丰富园本课程资源。	实地察看，查阅课程资源管理与利用的制度、资源库等
	资源利用	根据园本实际情况，合理利用园内外各种课程资源，有效支持课程运行。	
		合理利用地方资源，为课程开展提供支持与补充。	
		课程资源能自然融入班级课程中，支持幼儿的学习与发展。	
课程评价	评价机制	建立以本园教职员工自评为主，幼儿、家长、专业人士等多方共同参与的课程评价机制。	实地察看与了解教师、幼儿及家长
		建立动态性、过程性、多样化的课程管理与评价机制，不断改进与完善课程。	
	评价形式	评价自然地伴随着课程的整个实施过程，有助于教师反思教学，改进课程。	
		重视以多元化的课程评价提升课程质量。	

第二节 厦门市幼儿园课程质量监控指标说明文本

幼儿园课程是幼儿园为落实《指南》中的学习与发展目标，帮助幼儿获得有益的学习经验，促进其身心全面和谐发展的各种活动的总和。因此，幼儿在园的“一日生活皆课程”，集体教学活动、游戏活动、生活活动等幼儿在园的各类活动，都是幼儿园课程的重要组成。幼儿园在设置课程时，应考虑幼儿的学习方式和特点，考虑幼儿园课程的特点，从生活和游戏中选择教育活动的内容，引导幼儿通过直接感知、亲身体验获得经验。

一、课程实施方案

幼儿园课程实施方案是指幼儿园立足本园基础与资源条件，对课程进行整体设计与规划，由此形成具操作性和可持续性的书面课程计划。课程实施方案是幼儿园课程实施与管理的基本依据。它能让幼儿园减少课程实施的盲目性、无序性，帮助幼儿园更好地落实《纲要》与《指南》，更有效地促进幼儿发展。

幼儿园课程实施方案的编制与实施，在一定程度上能反映园长的课程领导力，反映教师的课程研究实施水平，反映园长与教师的专业素养。

（一）方案编制

1. 课程实施方案的文本结构。

完整的幼儿园课程实施方案包括课程背景与条件、课程目标、课程内容、课程实施、课程评价等。

（1）课程背景与条件。

背景与条件是幼儿园课程实施方案编制的基础，幼儿园应结合国家或地方对课程实施的要求，在对本区域、本园资源特点，本园已有课程实际等进行深入分析的基础上，设计符合园本实际的课程实施方案。

（2）课程目标。

幼儿园根据《幼儿园工作规程》《纲要》和《指南》，结合幼儿发展需求、园本实际及社会发展要求等，设定能关注幼儿的兴趣需要、能力形成和个性发展，培养符合社会需求的一代新人的课程目标。

幼儿园课程目标的设定，应重视全面性和启蒙性，“使幼儿在原有发展水平的基础上得到初步的身心锻炼和启迪，使幼儿在享有快乐童年的同时，身心得到与其发展水平相适应的发展和提高”①。

（3）课程内容。

课程内容是课程目标落实的载体，是决定幼儿“学什么”、教师“教什么”的主要依据。各幼儿园在借鉴教参内容时，应立足幼儿的兴趣需要，结合区域资源与园本实际，合理进行园本化。

幼儿园课程内容的选择应以直接经验为基础，尽量从幼儿生活中的真实事件和游戏中取材，关注幼儿的需要、兴趣和发展水平。能考虑现实社会和未来社会的需求，关注幼儿能理解的不同领域的经验。将中华优秀传统文化、劳动教育、品德启蒙等内容有机融入一日活动之中。将红色教育自然纳入课程中，例如开辟红色故事绘本角、组织亲子红色旅行活动等，丰富学前思政教育的内容。

（4）课程实施。

课程实施是“幼儿园教师根据实际情况灵活地将课程方案转化为课程实践的过程”②，是依据课程目标，通过各种活动形式具体落实课程内容的过程。具体而言，就是告诉教师在实施课程时，“做什么、怎么做、什么时候做、做时需要注意什么”③。因此，幼儿园应帮助教师树立正确的教育观与儿童观，引领教师将教育目标、课程目标巧妙地与幼儿的兴趣需要结合，让教师在实施课程中做到“心怀教育大目标，随时调整小目标，接纳幼儿新目标”。

（5）课程评价。

---

① 虞永平．试论幼儿园课程及其特质［J］．早期教育，2001（1）：4—6．

② 冯晓霞．幼儿园课程［M］．北京：北京师范大学出版社，2000．

③ 上海市教育委员会教学研究室．幼儿园课程图景——课程实施方案编制指南［M］．上海：华东师范大学出版社，2013．

课程评价是对幼儿园课程实施方案及其实施过程进行观察、分析、诊断、改进的主要途径，是保证课程可持续发展的关键。课程评价也是教师反思教学的常用手段。

2. 课程实施方案的编制要求。

（1）坚持党的教育方针，依据国家相关法规文件精神，结合本区域资源特点和本园实际制订课程规划或课程实施方案，思路清晰，符合幼儿教育规律，符合社会主义核心价值观。

①课程实施方案应全面贯彻党的教育方针，落实立德树人根本任务，符合社会主义核心价值观，符合国家相关法规文件精神。

《中华人民共和国教育法》（2021 年 4 月修订）第五条规定："教育必须为社会主义现代化建设服务、为人民服务，必须与生产劳动和社会实践相结合，培养德智体美劳全面发展的社会主义建设者和接班人。"结合新时代党的教育方针指导精神，《幼儿园保育教育质量评估指南》与《福建省示范性幼儿园评估标准（修订）》中均将党建工作作为指导幼儿园办园方向的第一项评估指标。

习近平总书记强调"教育兴则国家兴，教育强则国家强"。要全面贯彻党的教育方针，坚持以人民为中心发展教育，主动超前布局、有力应对变局、奋力开拓新局，加快推进教育现代化。而幼儿园教育作为基础教育的重要组成部分，是我国学校教育和终身教育的奠基阶段，是教育的根基。因此，坚持贯彻党的教育方针是学前教育高质量发展的重要保证，在学前教育发展的过程中要始终坚持将党的教育方针作为总方向。

②课程实施方案应符合幼儿教育规律，不能有"小学化"的倾向。

③幼儿园应对本园历史、课程现状、园本环境、园舍设施设备、教职工情况、幼儿及家长情况等进行调查分析，以作为编制园本课程实施方案的依据。

④幼儿园应对周边社区或当地可利用的资源进行调查，以筛选利用，作为课程资源。

（2）树立"一日生活即课程"的理念，能在一日生活各环节中落实《纲要》《指南》的目标要求。

①一日生活即课程。

幼儿的认知特点决定了幼儿所学的知识主要是生活中的事物和现象，“一日生活中的各项活动都对幼儿发展有重要的价值，应有机地整合各项活动，提高各项活动的整体成效”[①]。

②一日生活的各个环节都是落实《纲要》《指南》目标的途径。

(3) 内容符合幼儿的年龄特点、已有经验、兴趣需要、生活实际，保证每个幼儿有丰富的活动经历与体验。

①幼儿的发展需求和兴趣是确定课程内容的主要依据。教师应注意观察幼儿的兴趣需要，从幼儿的游戏和生活中选择教育活动的内容。

②幼儿园的课程内容应是全面性、启蒙性的。

③教育活动内容的选择原则[②]：

- 既适合幼儿的现有水平，又有一定的挑战性。
- 既符合幼儿的现实需要，又有利于其长远发展。
- 既贴近幼儿的生活来选择幼儿感兴趣的事物和问题，又有助于拓展幼儿的经验和视野。

(4) 注重幼儿学习与发展的整体性，树立整合的教育观，课程编排科学、合理，以游戏为基本活动，促进幼儿全面而富有个性地发展。

①以整合观编排课程，即以幼儿感兴趣的主题或问题为中心，将幼儿需要学习的内容、需要获得的关键经验，按照生活的逻辑有机地组织成一个整体。

②以游戏为基本活动，保证幼儿的自主游戏时间；以游戏的方式组织教学活动，让幼儿在活动中得到游戏般的体验。

③综合利用各种形式、方法、手段实施课程。

---

① 教育部基础教育司.《幼儿园教育指导纲要（试行）》解读［M］//虞永平. 幼儿教育整体观. 江苏：江苏教育出版社，2002.

② 中华人民共和国教育部. 幼儿园教育指导纲要（试行）［M］. 北京：北京师范大学出版社，2001.

（二）方案管理

1. 课程实施方案经教代会审议通过，并为全园教职工及家长所了解。

课程实施方案是幼儿园具体实施课程的依据，课程实施方案需要教师在实践中具体落实。制订课程实施方案不仅是园长的事，也不仅是幼儿园领导层的事，还是全体教职工应参与、了解并熟悉的事。落实课程方案的过程，是园本文化建设的过程。因此，幼儿园课程实施方案应经教代会讨论通过，并为全园教职工及家长所了解。

2. 建立健全有利于教职工开发、组织、实施和改进课程的激励机制，促进课程可持续发展。

幼儿的学习方式和特点决定了幼儿园的课程应立足于幼儿的生活实际，以幼儿的生活和幼儿感兴趣的事物、问题为课程内容来源，以促进幼儿生活经验的提升、拓宽幼儿的视野为课程的主要目的。这决定了幼儿园课程不适宜于采用统一编制的教材。因此，幼儿园应重视课程的生成和开发，立足于课程实际，建立健全有利于教职工开发、组织、实施和改进课程的激励机制。例如：鼓励教师关注课程的生成，允许教师根据幼儿的兴趣需要选择课程内容；在不违反幼儿教育原则的基础上，允许教师适当调整一日活动环节安排，允许教师调整、改变预设的教学计划；鼓励教师创造性地实施课程；等等。

二、课程组织与实施

幼儿园课程的组织与实施应立足幼儿生活实际，围绕幼儿生活的有益经验，以综合的、整体的组织形式，以游戏为主要实施途径展开。

（一）课程组织

1. 幼儿园保教工作计划能围绕园本课程实施方案制订。

保教工作是幼儿园工作的核心，幼儿园的保教工作包括对幼儿身心健康的保育工作和实施德、智、体、美、劳等方面全面发展的教育工作。因此，保教工作计划具体又可以分为安全与卫生保健工作计划、教研工作计划等。

幼儿园以学期为周期制订的保教工作计划，是为实现保教工作目标，对学期保教工作的行动方向、内容和方式的安排。幼儿园应将园本课程实施方案分阶段纳入每学期的保教工作计划中加以落实。

2. 将劳动教育、中华优秀传统文化教育、品德启蒙等内容有机融入一日活动之中，依据本班幼儿的年龄特点及兴趣需要制订班级计划、周计划、逐日计划。

（1）班级计划与总结的基本格式。

①班级计划，是班级教师根据本班幼儿的发展特点和幼儿园阶段工作计划、课程实施方案、本班基本情况等，对班级的阶段（一般以一学期为计划阶段）主要工作目标任务、实施方法途径等进行预设。

班级计划参考格式：

一、班级情况分析 二、班级工作目标任务及实施方法途径 （一）班级管理 （二）教育教学工作 （三）保育工作 （四）家长工作 三、月份安排

班级计划的撰写要求：

- 班级计划的基本内容包括：班级情况分析、班级工作目标（包含教育教学工作目标、保育工作目标、家长工作目标等）、具体措施（达成目标的方法与途径、预设的课程等）、月份安排等。
- 班级计划一般按学期撰写，也可按学年撰写，新学期再补充调整计划。
- 各部分目标是工作目标，不是幼儿发展目标。
- 具体措施应具有可行性。

②班级总结，是教师对阶段（一般为学期或学年）班级日常工作的梳理与提炼。班级总结的撰写，需要教师在日常工作中注意收集班级日常事实材料，并从中寻找规律，探索取得成绩的原因，同时也需要教师从中寻找存在问题的原因，作为下阶段改进的方向。

班级总结参考格式：

一、概括介绍本学期班级的基本情况及取得的成绩 二、分点阐述所做的工作 三、说明完成工作的程度或取得的效果，明确今后努力的方向

（2）周、逐日计划的基本格式。

周、逐日计划是班级实施幼儿园课程的具体计划，它指导着班级的日常工作。周计划反映的是一周的主要工作重点、预设的主要课程内容及其实施策略。逐日计划是教师对幼儿在园一日保教工作的具体预设。教师在制订周、逐日计划时，要注意五大领域目标的均衡落实。

周、逐日计划的制订要充分考虑幼儿学习与发展的需求，体现整体性、整合性、延续性。具体实施时可以从计划中灵活选择，并根据幼儿的反馈和需求适当调整逐日计划。

①周计划的内容应包括：户外活动（体育活动、自选游戏及早操）、习惯养成（生活习惯、学习习惯）、区域游戏、集体教学、其他游戏及活动（创造性游戏、智力游戏、娱乐活动、周末活动、游园活动等等）、环境创设（班级主题环境、区域环境等的创设，根据需要填写）、资源利用（本周需要利用到的园内资源、家长资源、社区资源等等，需要提醒家长的育儿注意事项等等）。

周计划参考示例 1：

厦门市________幼儿园________班第____周计划表

教师：　　　　保育员：　　　　________年____月____日—____日

项目	内容
户外活动	
习惯养成	
区域游戏	

续表

项目	内容
集体教学	
其他游戏及活动	
环境创设及资源利用	

周计划参考示例 2：

厦门市________幼儿园________班第____周计划表

教师：　　保育员：　　________年____月____日—____日

项目		内容
周重点	由来	简要介绍本周主题活动或项目活动的来源（也可简述教师观察到的幼儿上周在园一日生活各环节中的 2～4 个共性问题或需持续推进的点）
	目标	阐述本周活动的重点目标
集体教学活动与自主游戏		围绕周重点开展的集体教学活动、区域活动、创造性游戏等
户外活动		1. 体育活动：（3～5 个规则游戏活动名称） 2. 自选游戏：（4～5 种游戏材料名称） 3. 早操：（本周内需落实的 1～2 项动作发展、安全教育或团队合作等方面的要求）
习惯养成		1. 生活习惯： 2. 学习习惯：

续表

项目	内容
环境创设	班级大环境创设、主题环境创设等
家园共育	

周计划参考示例3：

厦门市________幼儿园________班第____周活动安排

（______学年度第______学期）

项目	内容与要求
生活活动	对本周幼儿生活活动、值日生工作等的基本要求
游戏活动	区域游戏 创造性游戏 种植活动或沙水游戏或主题游戏
运动活动	规则性体育游戏（写3～5个游戏名称） 自主体育游戏（写4～5种游戏材料名称） 早操（写动作发展、团队合作、安全教育等方面的基本要求）
教学活动	主题活动或领域活动： 1. 2. ……

续表

项目	内容与要求
环境创设	在什么地点创设什么环境，需体现师幼共建助力课程发展的教育环境 例：1. 教师在建构区创设“双子塔游戏日记”板块，幼儿每天在此记录游戏日记 2. 幼儿在睡房横梁“小麦乐园”板块展示作品 3. 教师在走廊创设“奥利给”T台吊顶，幼儿装饰T台 ……
家园共育	1. 行为习惯养成教育配合 2. 课程理念宣传、亲子游戏建议 3. 课程资源与材料支持

②逐日计划主要是对户外活动、区域游戏、集体教学活动、其他游戏及活动等的环节目标、内容、形式等进行预设。

其中，区域游戏每周需要预设总体的区域内容，每天只需体现重点指导的区域与个别指导的对象及内容。每周一次的区域游戏预设，可单独书写，也可以纳入周计划表中书写。

逐日计划参考格式：

班级：　　　　　　　　日期：	
内容	观察与调整
户外活动 新集体游戏体现以下内容（旧游戏只写名称）： 名称： 目标： 准备： 指导要点或玩法（指导要点包含要求、提醒注意、发展基本动作等，玩法如果参考书中有，只需备注书名及页码等，自编的玩法要写出来）： 个别教育： 安全教育：	

续表

内容	观察与调整
区域活动（每天重点指导的区域或个别指导的幼儿）	
集体教学活动 主题活动： 主题预设目标： 1. 2. 预设主题： 1. 2. 主题 1： 活动一： 活动目标： 活动准备： 活动指导： （领域活动，只需写活动名称、目标、准备及指导要点）	
其他游戏及活动 名称： 目标： 准备： 玩法或指导要点（要求、提醒等）： （创造性游戏计划格式参考见第五章第二节“厦门市幼儿园自主游戏质量监控指标说明文本”）	

3. 一日生活的安排应具有稳定性、规则性和相对灵活性，动静交替、室内外结合，各环节过渡自然有序。

幼儿在园一天的全部经历就是一日生活。一日生活包括入园、离园、自由游戏、教育活动、生活活动、户外活动和活动转换等主要环节。一日生活各环节中都蕴含着丰富的学习与发展契机，[①] 幼儿园应树立“一日生活即课程”的理念，在一日生活各环节中落实《指南》目标要求。

一日生活各环节的安排应注意：

(1) 合理安排作息时间。

①根据不同年龄段幼儿的生活需求及课程内容安排适宜的作息时间，动静交替、室内外结合。

②保证幼儿自主游戏的时间。每天保证至少两个时间段的室内自主游戏时间，每次时间不少于 40 分钟（不含游戏导入、收拾整理、评价等）。

③每天保证两小时的户外活动时间（其中一小时体育活动时间）。下雨或出大太阳的天气，应因园制宜，选择适当的时间和场地坚持开展户外活动。

幼儿园日程安排例 1：

“两点一餐”幼儿园小班日程安排
7:50—9:00　晨间活动（晨间接待、自选活动、早操）
9:00—9:20　生活活动
9:20—10:40　集体教学与区域游戏
10:40—11:10　户外活动（小集体游戏与自选游戏结合）
11:10—14:15　生活活动（午餐、散步、午睡）
14:15—14:40　生活活动（起床、饮水、水果）
14:40—15:40　其他游戏及活动
15:40—16:10　户外活动（小集体游戏与自选游戏结合）
16:10—16:30　生活活动（点心）
16:30—16:40　离园准备、离园

注：教师可根据班级实际活动需要调整时间。

幼儿园日程安排例 2：

---

① 李季湄，冯晓霞.《3—6 岁儿童学习与发展指南》解读 [M]. 北京：人民教育出版社，2013.

“两餐一点”幼儿园大班日程安排	
时间	内容
7:30—8:00	入园活动（晨间接待、活动区自选）
8:00—8:20	早餐
8:20—10:10	晨谈、自主游戏、小组活动或集体活动
10:10—11:10	户外活动（冬季与夏季在整体时间安排上不同）
11:10—12:20	餐前准备、午餐、散步
12:20—14:20	午睡
14:20—14:30	起床、盥洗、水果
14:30—15:10	户外活动
15:10—15:40	盥洗、点心
15:40—16:40	自主游戏、小组活动或集体活动
16:40—17:00	离园准备、离园

注：时间点可根据班级实际活动的需要适当调节。

（2）弹性作息，弹性计划。

①环节安排避免过于精细、刻板，过渡应自然，尽可能减少转换环节，避免幼儿不必要的等待。

过渡环节是指各个活动之间的衔接与转换环节。过渡环节也是一日活动环节的重要组成，应根据幼儿的年龄特点和活动需求合理安排。过渡环节自然有序转换，能更显班级有序的常规。教师应根据各个过渡环节时间的长短、场地安排及下一个环节的需要等，灵活组织过渡环节，或让幼儿自选小游戏，或引导幼儿做力所能及的事情，或鼓励幼儿自由交谈等，而不宜由教师组织幼儿开展小组或集体活动。如大班早点后，可充分利用空闲的区域，让幼儿自选游戏，也可以鼓励幼儿到走廊或阳台与同伴聊天、玩小游戏。

一旦多数幼儿完成转换环节，就立即转入下一个活动，以免幼儿养成拖拉的习惯。过渡环节结束前应有明确的信号提示，让幼儿做好转换活动的准备。

②一日生活安排要相对稳定并让幼儿了解，以利于幼儿形成时间观念、秩序感和计划性。

利于幼儿形成时间观念的方法示例：

> 1. 在上一个环节结束后告诉幼儿下一个环节的活动内容。
> 2. 将一日作息制作成时间图表，并配合时钟，在每一个环节结束后或开始前提醒幼儿“几点几分要开展××活动”。
> 3. 提早一天，将第二天要开展的活动告诉幼儿，让幼儿可以做必要的准备。例如，告诉幼儿：“明天是三八节，我们可以做小礼物送给妈妈，大家可以先想一想你要做什么礼物，需要做什么准备，明天上午我们一起来做送给妈妈的礼物。”
> 4. 在幼儿轮流玩玩具时，为幼儿提供沙漏或时钟，让幼儿共同商量轮流游戏的时长，用沙漏或时钟计时。

③给予教师科学灵活调整一日作息时间的权力。

除需要相对固定的餐点、午休等环节，幼儿园应允许班级教师根据活动需求灵活调整环节，避免教师刻板执行。示例如下：

> 某新办幼儿园严格规定了每一个环节的统一作息时间，要求教师严格遵守。但是在实施中发现，各班的实际实施时间差异比较大，如幼儿吃早点，刚入园的小班幼儿需要20分钟，但一个月后，只需要10分钟，而大班幼儿只需要5～8分钟。各班教师为了遵守时间，让幼儿统一盥洗，统一等时间到才吃早点，吃完后要求幼儿搬小椅子排排坐着，等下一个环节的时间点到了才开始组织活动，造成了幼儿的消极等待现象。
>
> 为此，幼儿园废除了全园统一的作息时间，改为根据小、中、大班幼儿的特点安排各环节时间。同时，允许教师根据班级实际情况灵活调整时间，避免了不必要的等待现象。

4. 活动涉及多个领域，体现启蒙性、均衡性和综合性，适当考虑现实社会和未来社会对人才培养的需求。

幼儿学习与发展的整体性，决定了幼儿园课程组织与实施“要注重领域之间、目标之间的相互渗透和整合，促进幼儿身心全面协调发展，而不应片面追求某一方面或几方面的发展”①。因此，教师在设计与实施活动时，应重点关注以下几个方面。

（1）一日生活各环节中都蕴含着丰富的学习与发展契机，② 通过一日生活，可以落实各领域的目标。

幼儿生活、游戏的过程就是学习的过程，教师应把一日生活看成是一个教育整体，引导幼儿在生活与游戏中学习，让幼儿的学习联系生活，让一日生活各环节活动之间有机联系，落实学习与发展目标。

幼儿入园、离园环节可落实的目标举例：

健康	情绪安定愉快。（经常保持愉快的情绪；表达情绪的方式恰当，不乱发脾气） 保持正确的站、坐和行走姿势，动作协调、灵活。 有基本的生活自理能力。（收拾、整理自己的物品；根据天气情况增减衣服；自己扣纽扣等） ……
语言	有文明的语言习惯。 能听懂、会使用日常用语。 清楚地表达自己的需求和经验。 愿意讲话并能清楚地表达。 ……
社会	愿意与人交往。 能与同伴友好相处。 关心尊重他人。 遵守各种集体活动规则。 ……

① 中华人民共和国教育部. 3～6岁儿童学习与发展指南［M］. 北京：首都师范大学出版社，2012.

② 李季湄，冯晓霞.《3－6岁儿童学习与发展指南》解读［M］. 北京：人民教育出版社，2013.

生活活动（餐点、饮水、如厕、盥洗、午睡等）可落实的目标举例：

健康	具有良好的生活与卫生习惯。（按时午睡；不偏食、挑食；饭前便后能主动、正确洗手；吃东西时细嚼慢咽；懂得节约粮食的重要性等） 保持正确的站、坐和行走姿势，动作协调、灵活。 有基本的生活自理能力。（正确使用勺子和筷子；自己扣纽扣、穿鞋袜、系鞋带；根据天气情况增减衣服；整理自己的物品等） 学习使用简单的劳动工具。 ……
语言	能使用适宜的日常语言与人交流。（会使用文明礼貌用语；遇到事情能与同伴商量；能根据场合调节自己说话的音量、语气等） 清楚地表达自己的需求。 ……
社会	能与成人和同伴相处、交往。 遇到困难愿意寻求帮助。 关心尊重他人，乐于与人分享。 遵守基本的行为规范。 愿意通过协商解决问题。 ……
科学	运用数学解决生活中遇到的问题。（会分碗筷、点心等） 了解与食物相关的知识。（了解食物的营养等） 珍惜资源，知道节约粮食、节约用水、节约用电的重要性。 ……

（2）实施一种方法可以综合地落实几个领域的目标，一个领域目标也可以通过不同的途径落实。

①实施一种方法途径时尽可能落实幼儿学习与发展的多元目标。

幼儿的发展是整体的，教育内容对幼儿的刺激也同样具有整体效应，只不过是旧有的对教育活动目标及评价方式的人为划分使教师在使用一种方法时过多地考虑单一的目标，忽略了教育活动目标的整合落实。重视幼儿富有个性的发展，要求教师在组织幼儿活动时善于抓住教育契机，以整体的眼光看待幼儿的发展，以整合的方式落实目标，做幼儿教育的有心人。

春游活动可以落实的学习与发展目标：

时段	活动内容与形式	可落实的学习与发展目标
春游前	引导幼儿讨论与计划春游的地点、路线、参与人数及需要的车辆数量等。	语言：耐心倾听、大胆交流等。 社会：对春游地点的了解等。 科学：规划路线、了解车辆与人数的关系等。
春游中	欣赏美景、寻找春天、采集标本、捡拾落叶、探究小秘密、分享美食等。	艺术：欣赏美景等。 语言：交流对美景的感受、交流自己的发现等。 社会：文明出行、互相帮助、礼貌与同伴分享美食等。 科学：了解植物的秘密、环境保护等。
春游后	交流自己对春游的感受、制作标本、制作落叶书签、绘画春游经历等。	语言：耐心倾听、大胆表达自己的见解等。 科学：制作标本、了解春天的变化等。 艺术：绘画、制作书签等。

②在落实一项教育目标时可考虑多种方法途径。

新的教育观要求改变传统的以单一途径（以集中教育活动为主）去落实教育目标的方式，重视“统整各方资源，形成教育活力，促进幼儿发展”。因此，在落实一种教育目标时，应重视物质环境和精神环境的教育价值，重视家长、社区的资源优势，考虑多种落实教育目标的方法途径。

例如，落实《纲要》的健康目标“在集体生活中情绪安定、愉快”可采用的途径有：创造安全温馨的环境，建立良好的师生关系，在各种活动中让幼儿情绪愉快，等等。落实“能从生活和游戏中感受事物的数量关系并体验到数学的重要和有趣”的目标可采用的途径有：创设可让幼儿分类整理玩具，把玩具对应摆放入柜的环境；请值日生每天帮生活老师分碗筷；组织集体教学活动；等等。

(3) 对五大领域学习与发展目标的落实应是相对均衡的。

幼儿学习与发展的整体性，决定了幼儿园教育的整体性。在实施课程过程中，应尽量让一个阶段的课程能够全面地落实五大领域的学习与发展目标，实现目标的均衡落实。那些把五大领域的目标落实平均分配到每一天，或每一个月实施一个领域的教育，或为了凸显某一种特色而增加某一领域集体教学活动课时等的做法是不符合幼儿学习与发展的规律和特点的。

（二）课程实施

1. 因时、因地、因内容、因材料灵活组织各类活动。

(1) 根据园本情况开展各类活动。

《纲要》明确指出，幼儿园教育活动的组织应注意综合性、活动性和趣味性。因此，幼儿园应根据本园的资源条件、季节特点、幼儿兴趣需要等，灵活采用不同的形式组织各类活动。例如：幼儿园场地小，无法满足全园幼儿同时运动的需求，则可采取分年段、分时段运动的形式；遇到梅雨季节，幼儿园没有风雨操场，可让幼儿利用班级的桌椅、积木等玩具材料做室内运动；没有可让幼儿开展大型主题游戏的专用室，可在班级或操场开展。

(2) 处理好领域活动与主题活动的关系。

①领域活动，是将幼儿的学习内容，按《纲要》划分的健康、社会、语

言、科学、艺术五大领域呈现，但各领域的知识体系“不是以学科概念为核心组织起来的理论层次的学科体系，而是以表象或初级概念为基础和核心组织起来的经验层次的‘前学科’体系”①。幼儿园的领域活动重视立足幼儿生活的直接经验的获得，而不是以掌握学科知识和专门技能为主要目的。目前，许多幼儿园领域活动的主要实施途径是集体教学活动。

②主题活动，有“单元主题活动”和“主题探究活动（项目活动、方案教学）”两种不同形式。

单元主题活动是以“主题”为主线，将与“主题”相关的五大领域学习内容集合在一个阶段（一般为一周）中实施。其实施的主要途径是集体教学活动，即“上课”。

单元主题活动“金色的秋天”（大班）系列活动示例：

1. 户外参观秋天景色。（社会——参观）
2. 认识水稻。（社会——认知）
3. 落叶。（语言——欣赏）
4. 秋天的比赛。（语言——讲故事）
5. 摘果子。（健康——纵跳触物）
6. 丰收啦。（艺术——绘画）
7. 一棵苹果树。（艺术——剪贴）
8. 水果写生。（艺术——写生画）

主题探究活动是在一段时间内，教师支持幼儿围绕某个大家感兴趣的生活中的课题或问题，进行深入研究，建构知识经验的过程。主题探究活动的时间长短主要依幼儿的兴趣需要而定，可能是一两周，可能是一两个月，还可能是一个学期。主题探究活动的内容之间相互联系，其实施途径可以是集体教学，也可以是游戏活动、生活活动等等。

---

① 冯晓霞．幼儿园课程［M］．北京：北京师范大学出版社，2000.

主题探究活动“春天”活动预设示例：

主题一　春天的节日	主题二　春天在哪里	主题三　苗苗快快长
1. 引导幼儿回忆过年的情景，启发幼儿与同伴交流过年的经历和感受。启发幼儿互相交流春节拜年的祝词及春节祝词的传递方式，如登门拜年、打电话、寄贺卡、发电子邮件等。 2. 引导幼儿谈论过年有哪些民俗，例如拜年、放鞭炮、放烟花、挂红灯笼、舞龙舞狮等。向幼儿讲述“年”的故事及元宵节的由来，引导幼儿开展赏花灯、做汤圆、舞龙舞狮等活动，增进幼儿对传统节日和民俗的了解，使幼儿体验参与活动的乐趣。 3. 鼓励幼儿分为若干个小组，分别到园长室、教师办公室、厨房、保健室及各班级拜年，祝贺大家新年好。回班级后，引导幼儿说一说向别人拜年的体会。	1. 组织幼儿到户外，如公园、田野、小山坡、小树林去欣赏花草树木等大自然的景色，引导幼儿发现大自然的变化，如草儿绿了、柳树发新芽了。 2. 引导幼儿设计天气报告板，并将其挂在活动室的墙面上。提醒幼儿了解每天的天气状况，轮流当“气象员”，在天气报告板上用天气图卡记录当天的天气。一段时间后引导幼儿比较天气的变化情况。 3. 启发幼儿将眼中的春天用图画表现出来，师幼共同在墙壁上创设春天信息展示栏。提醒幼儿在日常生活中注意观察有关春天的迹象，运用绘画、撕贴等方式及时地将其呈现在春天信息展示栏上。 4. 运用录像、图片、图书、歌曲等帮助幼儿进一步感受与欣赏春天，培养幼儿热爱大自然的情感。 5. 组织幼儿举办“春天的盛会”活动。引导幼儿把自己看到的、感受到的、想象的春天用各种方式（绘画、手工、诗朗诵、音乐表演）表现出来，表达自己对春天的情感和理解。	1. 引导幼儿收集各种植物的种子，并带到班级与同伴交流分享。启发幼儿运用自己带来的种子开展分类活动。与幼儿共同在班级里布置种子展示区。 2. 邀请有种植经验的家长或社区人员到班级向幼儿介绍种植的经验与技能，启发幼儿运用自己收集的种子进行种植活动，提醒幼儿经常给种子浇水、晒太阳，并观察记录种子的变化。 3. 引导幼儿进行“种子发芽”科学小实验，让幼儿了解种子发芽的条件——需要适量的水、适宜的温度和阳光。 4. 引导幼儿结合自己的种植观察记录，与同伴交流种子是怎样成长的，鼓励幼儿用肢体动作、语言等方式表现种子的生长过程。

从上述案例可见，就活动内容而言，传统的单元主题活动内容之间的关联性较弱，主题探究活动内容之间的关联性较强。

领域活动、单元主题活动、主题探究活动的比较：

	领域活动	单元主题活动	主题探究活动
内容来源	教师	教师	教师与幼儿
阶段活动间关联	无联系	围绕同一主题，如“春天”，活动内容之间很少有关联性	围绕同一主题，如“春天”，活动内容之间的关联性较强
形式	集体教学	集体教学、区域活动	参观、调查、集体教学、区域活动、游戏等
设计程度	教师设计	教师设计	预设与生成

（3）灵活采用各种组织形式。

幼儿园教育活动的组织形式有集体活动、小组活动和个别学习等，教师应根据需要灵活选用适宜的活动形式，做到动静交替、室内外合理结合。

①在一次集体教学活动中根据需要灵活采用组织形式。

幼儿的注意力发展特点要求幼儿园教学活动应灵活变换组织形式，以不断引发幼儿的注意，提高活动实效。因此，教师应根据活动内容的实施需求，合理安排各环节时间，灵活地转换组织形式，让幼儿在集体倾听教师讲解—个别操作—小组交流—集体分享中保持注意。

②在一日活动中灵活采用各种组织形式。

幼儿园一日生活即课程，在幼儿园中，幼儿参加集体教学活动、生活活动、游戏活动或者在户外锻炼，都是课程。教师应根据幼儿的年龄特点，灵活采用各种组织形式，动静交替，合理安排各类活动，保证活动的有序性和合规律性。

大班半日作息及活动内容示例：

<table>
<tr><td>8:00—9:00　户外自选活动、早操
9:00—9:20　盥洗、点心
9:20—10:30　区域游戏
　　　　　　集体教学活动：体育活动
10:30—11:10　户外体育活动
11:10—12:00　餐前准备、午餐
12:00—12:20　散步</td></tr>
</table>

在上述示例中，幼儿整个上午都处于自主游戏和体育活动中，易造成幼儿过度兴奋与疲劳，不利于幼儿的身心健康。因此，教师应根据幼儿的身心发展特点和活动内容合理安排一日活动各环节时间，动静交替，避免幼儿过度疲劳。如：每次的户外活动时间一般不超过40分钟，如果集体教学活动安排的内容是体育活动，则应将之前或之后的户外活动改为室内安静活动。

上述半日活动安排可以做如下调整：

<table>
<tr><td>8:00—8:45　户外自选活动、早操
8:45—9:05　盥洗、点心
9:05—10:30　区域游戏
　　　　　　集体教学活动：体育活动
10:30—11:10　阅读室活动
11:10—12:00　餐前准备、午餐
12:00—12:20　散步</td></tr>
</table>

2. 引导幼儿在生活和游戏中通过直接感知、实际操作和亲身体验获得经验。

幼儿园的课程是以幼儿为主体的经验性、活动性的课程，在生活和游戏中学习，是幼儿学习的主要方式。幼儿学习与发展目标的落实途径不能仅仅局限于集体教学活动，教师应树立“一日生活皆课程”的理念，根据幼儿的兴趣与发展需求，引导幼儿在生活和游戏中通过直接感知、实际操作和亲身体验获得经验的拓展与提升。教师可采取的方法有：

（1）挖掘利用幼儿园及其周边的资源作为课程内容来源。

幼儿生活中的事物和现象，便于幼儿直接感知和亲身体验，教师应重视挖掘、筛选和利用幼儿生活周围的自然和人文资源，作为课程内容来源。

①从幼儿生活的环境入手，引导幼儿展开认识与探究。例如：引导幼儿认识幼儿园内的环境、植物，了解幼儿园所在社区的街道布局、生活设施、公园植物等。

②从生活中的有益事件或活动入手，引导幼儿参与。例如：引导幼儿参与社区读书节，组织幼儿观看村里的社戏，组织幼儿参与保护社区环境等。

③从生活中的自然现象或社会现象入手，引导幼儿了解。例如：台风过后，引导幼儿了解台风的危害，感谢台风中为大家做事的人；针对社区中公共设施被破坏的现象，引导幼儿了解公共设施的作用，培养爱护公共设施的责任感等。

(2) 将班级（幼儿园）的环境创设作为课程的重要组成。

幼儿是班级环境创设的主体，环境创设的过程，也是幼儿的学习过程。幼儿在参与班级环境创设的过程中，可以获得关于空间方面的知识经验，获得对生活美的感受与体验。

①让活动丰富环境。

环境是幼儿表达表现的主要载体之一，班级的环境应随着幼儿游戏与活动的开展、幼儿认知与经验的提升而丰富，教师应提供让幼儿主动参与环境创设的机会与条件。例如：与幼儿一起利用主题活动开展过程中的参观、观察等照片或幼儿参观的记录等布置主题进程墙；为幼儿收集的与主题相关的材料提供摆放的架子等。在开学初或主题开展过程中，中、大班教师可以将班级大环境的创设作为任务，与幼儿共同商讨，了解幼儿的环境创设需求，鼓励、支持幼儿将想法变为真实的环境。例如，在“树”主题活动开展过程中，幼儿希望班级能够有一棵“神奇的树”，教师组织幼儿开展“神奇的树”的美工活动。活动中，教师引导幼儿一起讨论“神奇的树”要布置在班级的哪个地方、需要用什么材料制作，分工制作，最终班级的背景墙上出现了一棵可以“长出”各种东西的“神奇的树”。在后续的区域活动中，幼儿又不断地丰富“神奇的树”，让它“长出”更多神奇的物品。教师应避免花费大量时间代替幼儿布置环境，剥夺幼儿参与环境创设的机会。

②让环境支持幼儿的活动。

教师应充分利用环境，支持幼儿在环境中学习，让幼儿的活动随着环境的丰富而不断深入。例如：在“桥”的主题活动中，幼儿在班级中创设了各种各样的桥，自由活动时，幼儿会自发利用这些桥开展游戏，如“跨过火焰桥”“过铁索桥”“走独木桥”等；教师则利用这些桥，组织幼儿开展桥的统计活动，引导幼儿数一数，这些桥用了多少种材料来构建，量一量，每一座桥有多长等。

（3）为幼儿提供多感官操作、探究的机会与条件。

蒙台梭利说：“我听过了，我就忘了；我看见了，我就记得了；我做过了，我就理解了。”幼儿需要利用感官认识世界，教师应尽可能提供机会，让幼儿能多感官操作、探究。

①根据幼儿的发展特点和兴趣需要创设活动区，提供自主操作、探究的时间与玩具材料。

②当幼儿需要观察、了解动植物时，尽量利用园内种植的植物或饲养的动物供幼儿探究。

③充分利用户外活动的场地与设施设备，鼓励幼儿多感官探究，大胆挑战。

④根据集体教学活动的内容要求，提供给幼儿个别或小组操作的机会。

3. 重视课程的预设和生成，教师主导的活动和幼儿自主开展的活动有机结合。

（1）既要重视预设计划的落实，也要重视生成活动。

①幼儿园周、逐日计划是根据幼儿学习与发展的一般规律、特点及幼儿近阶段的兴趣需要制订的，是教育活动有序性的保证。教师应重视预设计划的落实。

②重视落实预设计划并不意味着忽视生成活动，教师在实施预设计划的过程中，应根据幼儿的实际反应灵活调整，或根据幼儿的新需求，生活中的偶发现象、事件等生成新的活动，或从游戏中生成教学活动，让教学支持幼

儿游戏的开展。

（2）教师主导的活动与幼儿自主的活动有机结合。

①在一日生活中，教师主导的活动，如集体教学活动、教师组织的规则游戏等应与幼儿自主的活动，如自由活动、自主游戏等相结合。

②教师应善于抓住来自于幼儿生活、游戏的契机，开展随机教育。

（三）师幼互动

师幼互动是幼儿园教育的基本形态，是指在教师和幼儿之间发生的各种形式、各种性质和各种程度的相互作用和影响，它贯穿于幼儿一日生活的各个环节。积极有效的师幼互动，是促进幼儿全面发展的关键因素，也是教师内在教育观念、教育能力和教育智慧相结合的综合表现。

1. 营造宽松、平等、相互关爱与支持的心理氛围，让幼儿感到温馨、安全。

（1）教师以亲切和蔼、支持性的态度和行为与幼儿互动，平等对待每一名幼儿，以微笑、拥抱、拉手等多种方式表达关爱。

（2）教师对幼儿表示尊重，鼓励幼儿放心、大胆地表达真实情绪和不同观点。耐心倾听幼儿的表述，同时面带微笑、鼓励、赞赏等表情。

（3）公平对待幼儿，不歧视。引导幼儿分享积极情绪，允许幼儿表达自己的消极情绪，并给予适当引导。如幼儿发脾气时不硬性压制，等其平静后再告诉幼儿什么行为是可以让人接受的；鼓励幼儿讲述和分享让自己高兴或伤心的事情；回应并帮助不开心、生气、受伤的幼儿。

2. 关注幼儿在活动中的表现和反应，努力理解幼儿的想法与感受，敏锐地察觉他们的需要，及时以适当的方式回应，形成合作探究式的师生互动。

（1）支持幼儿自主选择游戏材料、同伴和玩法，支持幼儿参与一日生活中与自己有关的决策。

（2）认真观察幼儿在各类活动中的行为表现并做必要记录，根据一段时间的持续观察，对幼儿的发展情况和需要做出客观全面的分析，提供有针对性的支持。

（3）善于发现各种偶发的教育契机，发现教育契机时不急于介入或干扰幼儿的活动。能抓住活动中幼儿感兴趣或有意义的问题和情境，能识别幼儿以新的方式主动学习，及时给予有效支持。

（4）尊重并回应幼儿的想法与问题，通过开放性提问、推测、讨论等方式，支持和拓展每一个幼儿的学习。

（5）重视幼儿通过绘画、讲述等方式对自己经历过的游戏、阅读过的图画书、观察过的事物等进行表达表征，教师能一对一倾听并真实记录幼儿的想法和体验。

3. 尊重幼儿学习与发展的个体差异，因人施教，使每一个幼儿都获得成长。

（1）理解幼儿的学习方式，发现每个幼儿的优势，促进幼儿在原有水平的基础上实现发展。

（2）教师能根据幼儿的个别需要调整活动，如为专注力低下的幼儿安排较短的故事时间；让从事项目活动的幼儿可以在规定的时间结束后继续工作；让吃饭较慢的幼儿可以依据自己的节奏进餐等。

（3）重视个别化学习活动对幼儿发展的作用，提供适合幼儿个性及需求的玩具材料，让幼儿能在自身经验水平的基础上获得不断的提升。

（四）家园共育

1. 善用多种途径，向家长宣传课程理念，帮助家长树立正确的课程观和儿童观，理解教师在课程实施中的专业性，引导家长积极参与并支持幼儿园的教育活动。

（1）通过家园联系栏、幼儿园公众号、班级微信群、班级 QQ 群、互动式家长会、园长接待日等方式向家长宣传课程理念，营造和谐的家园共育氛围。

（2）通过定期发送幼儿活动情况、及时反馈幼儿精彩表现等方式，让家长了解班本课程进展，理解教师实施课程的专业性，并尝试与幼儿园同步支持幼儿的学习与发展。

2. 吸纳家长成为幼儿园课程实施的合作伙伴，积极为家长提供参与幼儿园课程实施与管理的机会。

（1）通过家长会、专家讲座、现场观摩、亲子游戏日、家长开放日、节庆活动日等多种形式，让家长走进幼儿园，亲临教育现场，感受丰富多彩的幼儿园生活，看见幼儿成长，了解师幼互动方式，掌握一定的科学育儿方法。

（2）通过优秀育儿文章学习、幼儿活动视频分享、家长科学育儿沙龙等方式，提高家长科学育儿水平。通过园级家委会、个别访谈、问卷调查倾听家长心声，吸纳家长先进的育儿理念和科学的育儿方法，不断改进幼儿园的课程管理。

三、课程资源

幼儿园的课程资源指能促进幼儿园课程发展的物质环境、精神文化等一切内容，包括园内资源、家长资源、社区资源、数字信息资源等。

（一）资源管理：建立课程资源开发、筛选、共享与利用的机制，不断丰富园本课程资源

各种各样的课程资源以不同的载体形式呈现，要让这些课程资源发挥最大的资源效益，有效的管理是根本保障。建立课程资源循环利用的管理机制，有利于课程资源整合利用的制度化、规范化、合理化和高效化，调动教师课程开发与实施的主动性与积极性，满足幼儿学习的生活性、活动性与适宜性，为课程的可持续发展开创新思路，也为科学构建课程体系提供保障。

课程资源的管理机制可以包括如下方面：

1. 制度建立：建立资源的开发、筛选、共享与利用的相关规则与制度，并为教师所了解。

2. 档案建立：建立资源档案库，将全园资源进行归类整理，供全园教师共享，并在不断的利用中调整、丰富与更新资源。

3. 机制确立：资源入库筛选流程，对教师合理开发、利用资源的奖励等机制的确立。

（二）资源利用

1. 根据园本实际情况，合理利用园内外各种课程资源，有效支持课程运行。

（1）资源筛选、利用原则。

①安全性原则：物质资源应是安全、无毒、符合卫生要求的；非物质方面的资源，如童谣、儿歌、民俗等，也应是健康的。

②适宜性原则：所选用的资源应符合《纲要》理念，有助于落实《指南》，符合幼儿的年龄特点和客观需求，有利于促进幼儿发展。

③可重复利用原则：对同一资源，不同年龄段、不同班级都可以利用；同一个班级对同一种资源可以多次利用。

④共享原则：开发的资源应是全园教师、幼儿可以共享的。

（2）资源筛选途径。

①综合分析园内的各种资源。包括幼儿园的设施设备与环境情况、师资情况、幼儿及其家长情况等。

②从幼儿生活周围的环境出发，了解与分析幼儿园所在社区、所在城市资源分布情况。

③将资源进行分类整理，筛选可利用的资源。

2. 合理利用地方资源，为课程开展提供支持与补充。

（1）立足本土，厘清地方文化内涵。通过查阅文献资料、参加专家讲座、走访民间艺人、参加民间工艺培训、向家长征集当地文化资源等方式，对地方文化资源进行收集和梳理。

（2）立足课程，善用地方文化资源。取其精髓，筛选出最典型、最具代表性的可传承的优秀文化资源。

①遵循教育规律，遴选幼儿熟悉、能理解并感兴趣的地方文化作为课程开展的支持资源，包括人文地理、饮食文化、传统习俗、传统工艺、乡音戏曲等，各年段再依据不同年龄段的发展目标，进行进一步的细化筛选。

②依据教育目标，对地方文化资源进行创造性利用，根据幼儿园教育特点对其进行改造，使之与课程特点更契合，更好地为教育目标的达成服务。

（3）立足幼儿，重视当地优秀文化的体验式习得。让幼儿通过参观、访谈、参与等形式感受文化、理解文化，带幼儿走进文化现场，让幼儿与文化直接对话。

(4) 依托家庭延伸地方文化的体验式习得。运用家长助教、假日亲子活动、专家培训等方式，指导家长带领幼儿参加各类活动，增强幼儿对本土文化的理解和认同感。如：引导家长带领幼儿参加传统节日活动、参观文化遗址和历史建筑、参观博物馆和艺术展览、学习传统手工技艺、制作品尝当地美食、参加文化创意活动等。

3. 课程资源能自然融入班级课程中，支持幼儿的学习与发展。

(1) 将资源转化为玩具材料。利用废旧物、自然物做各类玩具材料。如：用大竹节或可乐罐做高跷；将大竹节捆成轮胎样，让幼儿滚动玩；利用卷纸的纸芯让幼儿自由搭建等。

(2) 将资源转化为教学内容。将童谣、民间戏曲、民间游戏、人文景观等作为教学的内容。如：教幼儿唱童谣，让幼儿欣赏地方戏曲、民间艺术，带幼儿观察、了解村居古厝及其文化等。

(3) 将资源转化为活动场所。带幼儿到社区公园、街头巷尾、田间地头中观察和游戏。例如：农村幼儿园可直接带幼儿到稻田里面认识稻谷，农闲时组织幼儿在田埂上开展体育活动等。

四、课程评价

幼儿园课程评价是幼儿园课程建构、生成与发展的重要环节。课程评价是指对幼儿园课程的价值取向、课程目标、课程内容、实施过程以及获得效果的专业性的判断，其根本目的在于优化幼儿园课程结构、促进幼儿身心发展、提高幼儿园保教质量。

(一) 评价机制

1. 建立以本园教职工自评为主，幼儿、家长、专业人士等多方共同参与的课程评价机制。

(1) 教师是课程评价的主体。教师的自我评价应立足于日常工作实际。教师的自我反思、案例分析、观察分析与调整等都可以看作是教师对课程的自我评价过程。

(2) 园长等管理人员、其他教师参与课程评价是为了改进教学与提升教师的专业水平，这类评价可以将检查与指导相结合，与日常的听评课、教研相结合。

（3）家长参与评价的前提是了解幼儿园课程的启蒙性、游戏性、活动性及生活化等特点，了解幼儿的学习方式与特点，了解幼儿园课程内容，在此基础上，参与幼儿园课程活动，将对课程的评价与观察、解读幼儿行为相结合。

2. 建立动态性、过程性、多样化的课程管理与评价机制，不断改进与完善课程。

（1）明确评价的目的是改进教学，提升质量。

（2）鼓励教师通过评价不断完善课程。

（二）评价形式

1. 评价自然地伴随着课程的整个实施过程，有助于教师反思教学，改进课程。

2. 重视以多元化的课程评价提升课程质量。

课程评价不仅仅是对课程实施成效的鉴定，还是基于评价结果展开的思考、分析、研究与改进，即对课程实施形成总结性评价时，就产生了课程发展的新原点。由此幼儿园课程领导小组须展开各层级的研究工作，调整完善课程实施方案，以此形成动态的评价机制，促进幼儿园课程质量长足稳步提升。

（1）综合采用跟班观察，案例分析，教师、家长问卷，座谈，研讨等形式开展课程评价。

（2）以教师自评为主，园长以及相关管理人员、其他教师、家长、幼儿等共同参与评价，改进教学，提升课程适宜性。

附件：幼儿园课程相关评价表、记录表参考①

"××课程"实施方案文本评价表

评价单位：__________ 评价人：________ 评价时间：__________

评价项目与权重	评价观测点	评定标准	分值
总体结构（20%）	课程实施方案的基本要素是否完整。	课程实施方案的要素齐全，结构合理、层次清晰。	10分
	课程各要素之间的关系是否具有内在的逻辑一致性。	课程实施方案结构中的各要素之间具有内在的逻辑一致性。	10分
基础性要素（30%）	是否基于幼儿园的课程基础、现阶段教师的课程实施水平与幼儿的课程需求进行思考与分析。	1. 背景与条件分析的内容全面合理，并以课程实施为核心。 2. 背景与条件分析突出本园的课程基础和个性特点。 3. 背景与条件分析的方法具体、客观。	10分
	是否根据国家的课程目标和幼儿园的实际制订合理的课程理念与课程目标。	1. 课程目标能充分体现国家与地方相应法规文件的精神。 2. 课程目标与幼儿园的办园目标和课程理念相一致。 3. 课程目标清晰适切，能满足本园幼儿学习或发展的需求。 4. 课程目标的分解科学，各类课程目标之间具有内在逻辑性。	10分

① 本附件由厦门市第一幼儿园供稿。

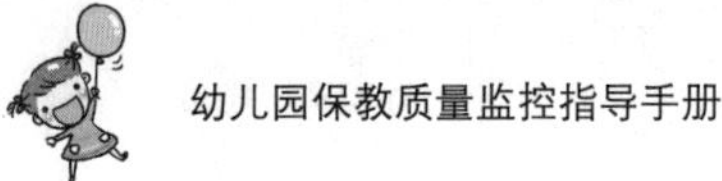

续表

评价项目与权重	评价观测点	评定标准	分值
	是否合理规划了与课程目标一致的课程结构、课程内容与活动。	1. 课程架构与内容设置对实现课程理念与目标有一定的支持性。 2. 综合设计课程结构与设置课程内容，关注幼儿各领域经验的平衡性与各阶段经验的连续性。 3. 能根据课程整体结构统筹安排各类活动，处理好共同性课程与选择性课程之间的关系，做到两者的互补协调。 4. 一日活动作息安排科学合理，能充分满足幼儿游戏和运动的需要，保证幼儿有自由活动和自主选择活动的机会。	10分
实践性要素（30%）	是否体现和落实课程园本化实施的思想。	1. 课程实施措施与形式能紧密结合本园的实际，具有操作性和指导性。 2. 课程实施关注幼儿的个别差异，以游戏为基本手段，突出幼儿的主体地位。 3. 课程实施既有总体的规范原则，同时又具有一定的灵活性，留有班本化实施的余地。	10分
	是否利用幼儿园、家长、社区等课程资源服务幼儿园课程实施方案。	1. 教师和家长在幼儿园课程开发与共建中的主体作用显著。 2. 在社会、家庭教育资源开发与利用中优化幼儿园的课程结构与课程实施。	10分

续表

评价项目与权重	评价观测点	评定标准	分值
	是否通过评价、管理与制度保障幼儿园课程的有效实施与改善。	1. 课程评价能够为进一步完善课程、提升课程质量和促进幼儿、教师与幼儿园的发展提供有效信息与机制。 2. 幼儿园建立课程管理组织，职能明确，信息通畅，能够有效管理与指导班级实施课程。 3. 幼儿园为课程的设计、实施、评价与完善提供全面的支持以及管理与制度的保障。	10分
编制过程及文本特点（20%）	管理者是否吸纳教师、家长等参与课程实施方案的编制过程，形成课程实施方案更新与完善的保障机制。	1. 方案编制依据国家及地方法规的要求，并充分考虑幼儿园的现实条件和发展需要，形成园本特色。 2. 课程实施方案由管理层和教师、家长代表等共同研究制定。 3. 教师了解本园课程实施方案，并依此制订班级课程计划。 4. 注重收集与分析课程实施信息，形成课程实施方案更新与完善的保障机制。	10分
	编制好的文本是否具有园本特点，并能为全体教师所理解，对实践具有指导作用。	1. 教师以及相关人员能理解并认同课程实施方案的内容与价值，方案操作性强。 2. 课程实施方案对引领幼儿园课程实施、落实幼儿园课程理念和实现课程目标有显著的指导作用。	10分

续表

评价项目与权重	评价观测点	评定标准	分值
评价结果说明：90 分以上为“好”；80～90 分为“较好”；60～79 分为“合格”；低于 60 分为“不合格”。			总分：
“××课程”实施方案调整反馈意见：			

幼儿园课程实施过程评价表

班级：________　　　　评价教师：________

评价项目		评析
实施前	是否明晰为何要实施目前的活动方案	
	活动是否关注儿童的经验与发展需要	
	活动能否促进儿童的全面发展	
	是否注重促进各领域之间的联系和整合	
	能否有效利用幼儿园、社区和家庭的资源	
	对儿童的期望和要求是否合理，目标是否切实可行	
实施中	能否促进儿童主动学习并且允许儿童做出有意义的选择	
	活动的实施能否让儿童从中获得直接的经验	
	是否在有意义的情境中帮助儿童形成对概念的理解	
	是否在活动中持续观察儿童与他人或环境的互动	
	活动能否促进儿童较高水平的思维、推理、问题解决和判断能力的发展	
	是否促进和鼓励儿童提出和探究问题，不以对错进行简单评判	
	在帮助儿童积累经验的过程中能否使儿童形成对学习的积极态度	
	按照相关领域标准，涉及的知识是否科学可靠	
	活动能否促进和鼓励儿童与同伴、成人间的互动交往	

续表

评价项目		评析
实施后	课程的内在逻辑是否符合儿童的思维逻辑	
	课程能否使儿童获得成就感和对学习产生兴趣	
	课程是否期望、允许和欣赏个别差异的存在	
	课程是否有利于儿童形成安全感、信任感和归属感	
	能否清晰地梳理并形成活动的资源手册	

课程故事记录表

班级：______________　　　　教师：______________

聚焦的主题：
引发的问题：
解决的过程：
故事背后的意义：

幼儿观察记录分析表

班级：________ 对象：________ 年龄：________ 观察教师：__________

观察记录		行为分析	对应《指南》的目标	下一步计划
时间地点	幼儿行为			

第四章　集体教学活动质量

第一节　厦门市幼儿园集体教学活动质量监控指标

项目	考察要点	信息采集
活动内容	源于幼儿生活、游戏或已有经验，能引发幼儿学习兴趣与探究欲望，符合幼儿现有水平与实际需求，并具有一定挑战性。	查阅资料，现场听课
	有利于幼儿获得学习与发展的核心经验。	
	内容健康，知识概念科学、准确，有机融入优秀传统文化及社会主义核心价值观。	
活动目标	目标定位合理，兼顾幼儿认知经验、方法能力、情感态度等方面的发展。	
	综合考虑班级幼儿的年龄特点和实际需要。	
	表述明确、具体，可达成，有助于幼儿获得本领域或本主题的关键经验。	
活动准备	了解幼儿前期经验，注意幼儿不同学习领域、学习方式之间经验的联系与链接，做好师幼相关知识经验准备。	
	环境创设、材料提供等有助于幼儿获得新经验，且安全卫生、经济实用。	

续表

项目	考察要点	信息采集
组织实施	根据目标和内容合理安排教学环节，层层递进，突出重点，解决问题。	查阅资料，现场听课
	营造宽松、民主、平等的学习活动氛围，师幼关系和谐融洽。	
	注重幼儿思维能力的培养，启发和支持幼儿主动学习，帮助幼儿梳理、提升经验。	
	关注幼儿的学习过程，灵活调控、回应，正面引导，师幼互动良好。	
	充分尊重和保护幼儿的好奇心和学习兴趣，培养幼儿良好的学习品质。	
	提问明确具体，具有启发性。	
	有效利用实物类活动材料，尽量避免使用视频类电子产品。	
	教师语言清晰简练，教学行为规范，教态亲切自然，仪表端庄。	
幼儿表现	积极愉快地参与活动，主动地与材料、同伴、成人互动。	
	思维活跃，能运用已有经验尝试解决问题。	
	学习习惯良好。	

第二节　厦门市幼儿园集体教学活动质量监控指标说明文本

幼儿园集体教学活动是幼儿园课程的主要实施途径之一，幼儿园的集体教学活动要坚持全面贯彻党的教育方针，落实立德树人根本任务，将培育和践行社会主义核心价值观融入保育教育全过程，注重从小做起、从点滴做起，为培养德智体美劳全面发展的社会主义建设者和接班人奠基。①

在幼儿园一日活动中，“教”与“学”的双边活动无处不在，既包含教师预设的正规性集体教学活动，也包含非正规性的或偶发性的教学活动。本文本中的集体教学活动是指教师有目的、有计划组织的，全班幼儿同时进行或分组进行的教育活动，包括教师预设的和生成的正规性的集体教学活动，与幼儿在园一日生活各环节的活动相辅相成。集体教学活动作为幼儿园教学活动的一种重要形式，具有群体性和集中性的特点，有助于班级学习共同体建设，因而在幼儿园课程中具有不可替代的价值和地位。教师预设的正规性集体教学活动的质量，可以从以下几个方面评量。

一、活动内容

（一）源于幼儿生活、游戏或已有经验，能引发幼儿学习兴趣与探究欲望，符合幼儿现有水平与实际需求，并具有一定挑战性

1. 源于幼儿生活、游戏或已有经验，能引发幼儿学习兴趣与探究欲望。

幼儿的认知特点决定了幼儿是凭借直观形象去理解事物的，因此，教师应从幼儿身边常见的、感兴趣的并有教育价值的人、事、物或现象、问题中选择教学内容。例如：中班科学活动“常见的水果”，从幼儿从小就常吃的梨子、苹果、橘子等导入，能更好地引发幼儿的兴趣和探究欲望；春季是幼儿

① 中华人民共和国教育部. 关于印发《幼儿园保育教育质量评估指南》的通知：教基〔2022〕1 号[A/OL]. (2022-02-10)[2024-05-06]. http://www.moe.gov.cn/srcsite/A06/s3327/202202/t20220214_599198.html.

感冒高发季节，有的班级病假人数陡增，教师抓住契机，组织“预防感冒”的健康教育活动，具有必要性；教师发现幼儿在生活和游戏中常常出现拥堵现象，于是抓住契机生成了大班社会活动“拥堵了怎么办”，引导幼儿自己探究、解决生活和游戏中的拥堵问题。

需要注意的是，不是所有来源于生活或游戏的内容都值得作为集体教学活动的内容，如“科学的饮食结构”，虽来源于生活，但明显不适合幼儿；有些内容虽来源于游戏，但仅反映个别幼儿的兴趣或需求，不是全班幼儿所必须学习的内容，也不适合作为集体教学活动，如“怎么包包子”。因此，教师不能对“贴近生活”过于狭隘地理解。

2. 符合幼儿现有水平与实际需求，并具有一定挑战性。

幼儿的发展是一个持续、渐进的过程，且表现出阶段性特征。因此，活动内容的选择应符合幼儿现有的经验水平。教师应关注幼儿的实际需求、幼儿在游戏活动中遇到的一些问题，从中提取有价值的内容生成集体教学活动。如户外活动时幼儿发现了阳台过道上的小蜗牛，有的提出把蜗牛带回教室饲养观察，有的提出让蜗牛回归自然，幼儿争论不休，教师适时组织幼儿围绕“饲养还是放生”进行集中谈话活动；班级幼儿分零食时遇到数量数不清的问题，教师及时组织幼儿进行讨论并生成了一次大班数学活动“分零食”。以上这些集体教学活动符合幼儿的实际需求。

同时，要考虑一定的挑战性，从方法的迁移、知识的拓展、经验的提升等方面支持和引导幼儿由原有水平向更高水平发展。如在中班科学活动“常见的水果”中，幼儿从小就常吃梨子、苹果、橘子等，对这些水果的外形特征及味道已很熟悉，教师就要把教学侧重点放在了解水果的生长过程，探究果籽、果皮的功能等方面，让幼儿对原已很熟悉的水果产生新的认识。

（二）有利于幼儿获得学习与发展的核心经验

核心经验是幼儿发展过程中必不可少的经验，是课程设计者希望幼儿在活动中获得的、对达成教育目标至关重要的学习经验。教师应充分考虑到各领域的特点及各领域的核心价值，从有利于幼儿获得学习与发展的核心经验入手选择教学内容。如在大班科学活动“硬币站起来”中，教师以磁力的传

递性问题为重点启发幼儿持续、深度地思考，有助于培养幼儿敢于探究和尝试的良好学习品质。

（三）内容健康，知识概念科学、准确，有机融入优秀传统文化及社会主义核心价值观

年龄特点决定了幼儿缺乏价值判断的能力，因此教师所选择的活动内容应健康、积极向上，具有启蒙性和科学性，要有利于幼儿认识事物的本质以及事物之间的关系。同时，教师要重视将优秀传统文化和社会主义核心价值观有机融入集体教学活动中，让幼儿在潜移默化中养成良好的价值观。

例如，教师发现不少幼儿剩菜剩饭，就组织了“学习诗歌《悯农》”的语言活动和“光盘行动，从我做起”的社会活动；结合端午节，教师组织幼儿讲端午故事，做端午香包等。又如，随着城市地铁的陆续开通，幼儿在乘坐地铁时遇到了问题，教师及时开展“地铁里的箭头”“乘坐地铁的文明行为”“我会看地铁线路图”等活动，助力幼儿成为文明小公民。

二、活动目标

（一）目标定位合理，兼顾幼儿认知经验、方法能力、情感态度等方面的发展

集体教学活动目标是教学过程设计、教学方法选择以及效果评价的依据。一个具体教学活动的目标应尽可能兼顾认知经验、方法能力、情感态度等维度。以下案例体现了上述三个方面的目标：

大班社会活动“国旗护卫队”活动目标： 1. 了解国旗护卫队的神圣使命与职责，知道国旗代表国家。（认知经验） 2. 能分享收集到的有关国旗护卫队的信息。（方法能力） 3. 感受国旗护卫队守卫国旗的爱国之心，进一步萌发爱国情感。（情感态度）
大班科学活动“排水沟取物”活动目标： 1. 能根据排水沟里的物品选择适合的材料制作工具，顺利地取出物品。（认知经验、方法能力） 2. 初步学会合作，调整材料解决问题。（方法能力） 3. 体验解决生活问题的成就感。（情感态度）

但并不是所有的活动目标都需体现这几个方面，如以下案例：

大班社会活动“地铁里的箭头”活动目标： 1. 知道地铁里箭头标志的含义，养成看标志行事的习惯。（认知经验） 2. 遵守公共规则，根据箭头方向排队进出。（方法能力）

（二）综合考虑班级幼儿的年龄特点和实际需要

教师要研究幼儿，熟悉特定年龄段幼儿的发展规律以及发展水平；特别是要研究本班的幼儿，熟悉其近期的学习内容和已有经验。这样才能保证教师确定的教学活动目标，能够既符合幼儿年龄水平，又满足本班幼儿的实际发展需求，不会过易或过难。

以大班科学活动“拔呀拔”为例，每个年龄段的幼儿都会遇到材料套叠在一起拔不出来的问题，让大班幼儿来解决这一问题，在目标的确定上就需要考虑通过这一活动大班幼儿能够获得哪些有意义的经验。该活动目标可定为：

1. 尝试用各种方法将套叠在一起的物品拔出来。
2. 能选择合适的材料和工具解决问题。
3. 体验合作的快乐及解决问题的成就感。

根据《指南》，科学领域的科学探究目标之一是“大班幼儿能通过观察、比较与分析，发现并描述不同种类物体的特征或某个事物前后的变化”，其中教育建议还提到“给幼儿提供丰富的材料和适宜的工具，支持幼儿在游戏过程中探索并感知常见物质、材料的特性和物体的结构特点”，与之对照，以上活动目标符合大班幼儿的年龄水平。

再以艺术活动“风车”为例，同一主题在不同年龄段的活动目标有所不同，各有侧重：

年龄段	活动目标
小班	1. 喜欢玩风车，感受风车转起来的美。 2. 能大胆表现风车的转动。

续表

年龄段	活动目标
中班	1. 愿意参与玩风车，感受风车的美。 2. 能用多种方式表现风车的转动。
大班	1. 欣赏各种颜色、造型的风车，感受风车的美。 2. 尝试根据风车的特点选择材料，自主或与他人合作进行创作。

符合幼儿实际发展需求的目标还表现为具有开放性。开放性的目标更能照顾到不同水平幼儿的学习与发展需要。

譬如，大班活动“绳子的游戏”，其目标定位为：1. 认识绳子在生活中的功用；2. 运用绳子进行创意游戏。既让幼儿有机会了解绳子的各种类型（塑料绳、麻绳、鞋带、缎带、跳绳等）及相应的功用，又可以让幼儿在活动中发挥自己的创意来使用绳子——做造型、玩游戏等。

小班活动“糖果”，其目标定位为：能够说出糖果是甜的、圆的、软的。该目标不仅显示出教师的生活经验不足（糖果也可以是酸的、咸的，也可以是正方形、长方形的，也可以是硬的），也说明教师对幼儿的前期经验不了解。这样的目标限定了幼儿的经验，可以预见，通过这个活动不少幼儿可能不仅没能获得经验的提升，还可能形成偏狭的认识——糖果就是甜的、圆的、软的。

（三）目标表述明确、具体，可达成，有助于幼儿获得本领域或本主题的关键经验

集体教学活动的目标表述应明确、具体，是本次活动可达成的，同时有助于幼儿获得相关领域或主题的关键经验。教师在制订活动目标时，应注意避免以下问题：

1. 目标之间缺乏有机联系或核心目标不突出。

教师应该关注领域或主题的核心价值，关注每一个教学活动中的认知目标与相关的学习策略、相应的情感目标是否有机地得到反映。以大班科学活动“拔呀拔”为例，该活动的核心目标在于幼儿能尝试用各种方法将套叠在一起的物品拔出来，探索使用不同的工具和材料解决问题。活动中，有些工

具的使用需要有人帮忙一起完成，所以目标中需要渗透必要的社会性发展目标——体验合作的快乐及解决问题的成就感，但这并不是该活动的核心目标，教师应把重心放在引导幼儿通过讨论、操作、比较等方式解决问题，使每一个幼儿都能获得比原先更丰富的经验。

需要注意的是，不同领域相同主题的活动，其活动目标的侧重点也应有所不同。以下以大班活动“风车”为例：

大班科学活动：风车	大班艺术活动：风车
1. 观察风车旋转的现象，发现影响风车转动的风力、风速、材料等因素。 2. 了解风车在生活中的作用。 3. 乐意与同伴交流自己的发现。	1. 欣赏各种颜色、造型的风车，感受风车旋转的美。 2. 自选材料，根据图示自制风车。 3. 体验创作的乐趣。

2. 目标笼统、抽象或涵盖太多内容，无法在一次活动中达成。

半小时的集体教学活动时间是有限的，如何在有限的时间内让幼儿获得有益的经验，需要教师合理设计活动可达成的目标。有些需要较长时间才能落实的目标，不适合放在一次活动中，如“培养幼儿与同伴合作的能力”“培养幼儿对植物的观察能力”“培养幼儿的想象力和创造力”等，这些目标不是通过某一次活动就能达成的，而是需要持续地培养幼儿。有些目标包含太多维度，也是一次活动无法落实的，如中班活动“各种各样的花”，教师制订的目标为：(1) 认识各种各样的花；(2) 了解花的习性及种植要求；(3) 学会制作自己喜欢的花。这些目标是一次活动无法达成的。

因此，教学活动的目标应具体、明确，以该活动的内容、时间能够允许达成为宜。以小班科学活动“剪刀”为例，活动目标为：(1) 认识不同类型的剪刀；(2) 练习安全使用不同剪刀的方法。该活动目标具体、明确。第一条目标旨在丰富幼儿对剪刀类型的了解，进而激发幼儿了解各种类型剪刀的使用方法；第二条目标顺应了幼儿的愿望，给予幼儿学习、练习各种剪刀的安全使用方法的机会。目标与目标之间相互关联，自然衔接。

三、活动准备

（一）了解幼儿前期经验，注意幼儿不同学习领域、学习方式之间经验的联系与链接，做好师幼相关知识经验准备

前期经验指幼儿在日常生活中，通过实践、探索了解自己的生活世界，积累而成的知识与经验。这种知识与经验包括粗浅的认知、情感、社会交往、自我意识等多方面。教师可以通过调查、谈话、观察等方法了解幼儿的前期经验。在每次的集体教学活动前，教师要了解幼儿是否具备相关知识与经验，注意幼儿不同学习领域、学习方式之间经验的联系与链接，同时，教师自身也必须了解与掌握相关知识，以更好地支持幼儿在已有经验基础上建构新的经验，获得进一步的发展，从而实现经验的衔接。

如班级拟开展主题活动“美丽的灌口”，教师通过谈话活动、询问家长等方式，了解到幼儿只知道灌口景点的名称，对灌口的风土人情不了解。因此教师在活动前引导幼儿通过实地考察、收集资料等方式，了解灌口的风土人情，为有效地组织教学活动做好准备。

（二）环境创设、材料提供等有助于幼儿获得新经验，且安全卫生、经济实用

环境创设与材料提供一方面要有助于教学目标的实现，激发幼儿的思考，支持幼儿的学习，避免形式主义；另一方面要方便取材，材料结实耐用、可重复利用。

四、组织实施

（一）根据目标和内容合理安排教学环节，层层递进，突出重点，解决问题

教学环节的设计必须紧扣目标、突出重点、层层递进，每一个环节的设计都能够起到承上启下的作用，把幼儿的思维一步一个台阶地引向新的高度。有效的教学环节设计应做到：1. 每一个环节设计都能直指目标，落实目标的某一个点；2. 围绕重难点设计的教学环节，其时间分配、探究过程等应占有

较大比重；3. 设计简洁，环节紧凑。过于繁杂的教学设计会分散幼儿的注意力。同时要注意环节的过渡，可以采用自然过渡、语言过渡、信号过渡等方式，如从分组活动转换到集体分享的环节时，以钢琴声或音乐为信号过渡。

大班社会活动“共享单车来了”①

【活动目标】

1. 知道共享单车给生活带来便利，愿意大胆表达对共享单车乱象的认识。

2. 能用自己的方式倡导文明骑车、文明用车。

3. 增强社会责任感，养成讲文明、懂礼仪的好习惯。

【活动过程】

1. 谈话导入，引出活动主题。

2. 观看共享单车的新闻视频，了解共享单车给生活带来的便利。

3. 出示共享单车“满身重伤”的图片，引发幼儿对共享单车乱象展开交流、讨论。

4. 讨论：如何保护共享单车？

5. 制作宣传卡片，倡导文明骑车。

(1) 介绍宣传卡片的用途。

(2) 提出制作要求。

(3) 幼儿自主创作，教师指导。

(4) 欣赏，讲评。

活动环节1、2、3均对应活动目标1。环节1为导入环节，调动幼儿对共享单车的已有经验，用时较短；环节2通过视频帮助幼儿进一步了解共享单车给人们的生活带来的便利；环节3借助图片引发幼儿对共享单车使用乱象的思考与讨论。环节4和5更多指向目标2，侧重于帮助幼儿梳理减少共享单车乱象的办法，鼓励幼儿采用设计与制作宣传卡片的方式倡导文明骑车、文明用车。而目标3主要渗透在整个活动中。本次活动环节设计紧紧围绕目标，

① 本案例来源于厦门市集美区宁宝幼儿园范玮萍。

简洁紧凑，层层递进，有效地达成了活动目标。

（二）营造宽松、民主、平等的学习活动氛围，师幼关系和谐融洽

教师应让幼儿感觉到自己在整个活动中是有能力的学习者，能够发表自己的看法和感受。例如：当幼儿急于表达而又表达不清时，要鼓励幼儿慢慢说；当幼儿说错时，要给予适当引导；当幼儿不敢说时要提供更多的发言机会；当幼儿有不同观点时，教师要关注幼儿独特的想法，给予幼儿解释的机会，并尝试顺着幼儿的观点思考其背后的成因。

总之，教师要尊重和接纳幼儿的说话方式，无论幼儿的表达水平如何，都应认真倾听并给予积极回应。教师要营造温暖、轻松的心理环境，让幼儿形成安全感和信赖感，真诚地接纳、多方面支持和鼓励幼儿的探索行为。[①] 同时，教师要根据活动的需要与幼儿保持适当的空间距离，灵活调整幼儿座位的摆放形式。

（三）注重幼儿思维能力的培养，启发和支持幼儿主动学习，帮助幼儿梳理、提升经验

幼儿学习的主要特点是“做中学、玩中学、生活中学”。幼儿常用的学习方法有观察、比较、实验、调查、体验等。教师的教学方法一般有：直观法（组织观察、演示、示范等）、口授法（讲解、谈话等）、游戏法（智力游戏、戏剧表演等）、实践法（实验、练习等）。[②] 教师应根据活动内容和幼儿年龄特点灵活运用各种方法，引导幼儿思考和理解，提升幼儿已有的知识经验。同时做到面向全体与个别指导、集中与分组相结合，切忌从始至终仅采用教师“满堂灌”或让幼儿自己无意义操作的形式。

例如大班语言活动“猜猜我有多爱你”，教师以“爱”为线索，重在引导幼儿表达对爱的理解。教师通过引领幼儿阅读绘本，使他们从“与兔妈妈比手长、比身高、比跳远”等活动中逐步体验“××有多××，我就有多爱你”的爱的情感，并把爱的情感迁移到老师、亲人和同伴。教师先引导幼儿借助

---

① 李季湄，冯晓霞.《3—6岁儿童学习与发展指南》解读［M］. 北京：人民教育出版社，2013.

② 冯晓霞. 幼儿园课程［M］. 北京：北京师范大学出版社，2000.

绘本上的河流、山川、大树、小草表达自己的情感，幼儿说“河有多长，我就有多爱你”“山有多高，我就有多爱你”等；再拓展到绘本外的身边的人和事，幼儿说“爸爸妈妈有多爱我，我就有多爱你”“围巾有多温暖，我就有多爱你”，有的幼儿用拥抱、赞美、送礼物等方式表达对同伴和老师的爱。教师引导幼儿从使用口头语言到使用肢体语言，再到通过实际行动大胆表达爱，形式多样。

（四）关注幼儿的学习过程，灵活调控、回应，正面引导，师幼互动良好

1. 以关怀、接纳、尊重的态度与幼儿交往，正面引导。

在集体教学活动中，教师要耐心倾听，关注、认真理解幼儿的想法与感受，正面示范和引导，支持他们大胆探索与表达。教师多用正面语言鼓励，如“别着急，再想一想”，或用微笑的表情以及点头、抚摸、拥抱等肢体语言加以引导，与幼儿对视，同时提醒其他幼儿都转向发言的孩子，认真倾听同伴的表达。幼儿若具有明显的价值观倾向错误，教师需要进行正面引导，不能由于环节、内容、时间等原因而忽略，如果确实由于活动限制不能解决，也需要善意提醒，并且在活动后单独谈话。

如在小班艺术活动“画太阳”中，幼儿把太阳画成了各种不同的形状，不同的颜色。乍一看，这不是乱套了吗？怎么太阳有长发、短发和卷发，有黑色、绿色、彩色？于是教师蹲下来倾听幼儿的心声，发现原来他们的想法是如此奇特而丰富多彩。一名幼儿说：“我的太阳是个宝宝，她绑着好几个小辫子，可爱极了。”另一名幼儿说：“太阳妈妈今天刚换了个新发型，看，是最流行的长卷发噢。”还有一名幼儿说：“天上的乌云太多了，飘过来，刚好把整个太阳遮住，太阳全部变成黑色的了。”……因此，当发现幼儿的表现不符合实际情况时，教师要做的不是否定、指责幼儿，而是欣赏幼儿这份难能可贵的想象力。

2. 敏锐察觉幼儿的需要，灵活调控、回应，形成合作探究式的师幼互动。

在集体教学活动中，幼儿往往能根据活动的进展发现新的问题，产生新的需求和探究欲望。教师要善于发现各种偶发的教育契机，能抓住活动中幼

儿感兴趣或有意义的问题和情境，能识别幼儿以新的方式主动学习，第一时间给予适当的回应，灵活调控。如开展大班主题活动“可爱的蚂蚁”时，教师通过多种形式让幼儿了解蚂蚁的外形特征和生活习性，有个幼儿提出：“我还见过一种白色的蚂蚁，白色蚂蚁是蚂蚁吗?”这个问题引发了许多幼儿的好奇，教师顺势组织幼儿观察、比较，讨论“白色蚂蚁是不是蚂蚁”。由此，幼儿明白了白色蚂蚁不是蚂蚁，教师成功回应了幼儿在课堂教学中的学习需要。

（五）充分尊重和保护幼儿的好奇心和学习兴趣，培养幼儿良好的学习品质

《指南》所指出的“幼儿在活动过程中表现出的积极态度和良好行为倾向”“积极主动、认真专注、不怕困难、敢于探究和尝试、乐于想象和创造”都是学习品质的具体内容。[①] 教师可以从学习态度（主要指对周围环境的好奇心、学习兴趣、主动性、对待困难的态度等）、学习行为与习惯（主要指学习中的坚持性、注意力、计划性、合作性等）以及学习方法来培养幼儿良好的学习品质。[②]

例如，在一次雨后的散步活动中，幼儿发现幼儿园的墙脚有许多小蜗牛，他们很兴奋，问蜗牛是怎么爬的，是怎么找到食物的，教师就把小蜗牛带回教室，养在玻璃器皿中，放到观察角让幼儿观察并寻找答案。一个星期后，教师顺势组织了一次中班科学活动“有趣的蜗牛”，教师先让幼儿与同伴交流：蜗牛是怎么爬的？为什么蜗牛爬过的地方会有一道湿的痕迹？蜗牛的嘴巴在哪里？它喜欢吃什么食物？然后全班分享问题的答案，幼儿兴趣高涨。之后，幼儿又有新的问题提出，如触角有什么用，教师鼓励幼儿下课后自己想办法寻找答案。为了满足幼儿的观察需要，教师准备了更大的玻璃器皿供幼儿饲养蜗牛，提供放大镜，用实际行动支持幼儿的好奇心和求知欲。

（六）提问明确具体，具有启发性

---

① 李季湄.《3－6岁儿童学习与发展指南》实施问答［M］. 北京：北京师范大学出版社，2014.

② 李季湄，冯晓霞.《3－6岁儿童学习与发展指南》解读［M］. 北京：人民教育出版社，2013.

提问是根据教学目标和幼儿的学习需要设置问题情境，调动和拓展幼儿的思维，引导幼儿参与学习的一种教学方式。提问应具体明确、难度适宜、语言简练。教师的问题越是清楚明了，幼儿思考的空间就越大。提倡设置开放性的问题，避免出现封闭和无效提问。

常见的封闭/无效提问和开放性提问

封闭/无效提问	开放性提问
好不好？	你发现了什么？
对不对？	我很好奇……/我想知道……
是不是？	你愿意告诉我……
能不能？	你注意到……有什么不同？
可不可以？	可以用哪些方法？/能想到什么办法？
开不开心？	觉得……像什么？/看见……能想起什么？
……	如果……，会怎么样？

应注意的是尽量不要一次性提出几个问题，通常情况下，如果教师一次性提出几个问题，幼儿往往只回答最后一个问题。

（七）教学中要注意有效利用活动材料，尽量避免使用电脑、电视、平板、投影等视频类电子产品，确需使用的，单次时间不超过 15 分钟①

（八）教师语言清晰简练，教学行为规范，教态亲切自然，仪表端庄

第一，教师语言要准确，简明扼要，通俗易懂，无发音错误。要注意同一个问题不要过多地重复，或者对幼儿提出过多要求，会让幼儿不耐烦而失去学习兴趣，也浪费了很多宝贵的时间。

第二，教师要有端庄的外表、和蔼可亲的举止，巧妙运用语言、手势、动作、眼神、笑容，使幼儿感受到关心和爱护。

---

① 福建省教育厅．关于印发《福建省示范性幼儿园评估办法（修订）》《福建省示范性幼儿园评估标准（修订）》的通知：闽教基〔2021〕51 号[A/OL]．(2021-12-21)[2024-05-06]．https://jyt.fujian.gov.cn/xxgk/zywj/202112/t20211230_5804988.htm.

五、幼儿表现

幼儿的表现最能直接反映集体教学活动的质量。幼儿的表现主要看幼儿是否表情愉悦，是否有烦躁言行，能否对教师的提问做出积极的回应，操作是否投入，遇到困难或问题能否积极思考或寻求他人帮助等方面。

（一）积极愉快地参与活动，主动地与材料、同伴、成人互动

幼儿的互动是一种重要的学习途径和方式。活动中幼儿要有与同伴、教师互动的机会，并愿意与之交流、讨论、分享。互动要从实际需要出发，不针对实际问题的讨论、没有必要的合作都不适宜。

（二）思维活跃，能运用已有经验尝试解决问题

幼儿在活动中应能运用多种感官，积极思考问题，运用已有经验主动寻找解决问题的方法，并尝试多种方式进行探究，遇到问题能寻求帮助。如在大班科学活动“好玩的陀螺”中，教师不是直接告诉幼儿如何拼装陀螺，而是鼓励幼儿选择合适的材料自主拼装，结果他们拼装出来的陀螺形态各异，旋转的速度也各有不同。

（三）学习习惯良好

幼儿的学习习惯包括注意力集中、专心听讲、专心做事、遵守作息时间、遵守活动规则、有条理地安排自己的活动等。学习习惯的养成并非一朝一夕，需要教师在一日活动中渗透，加以培养。

附件：

附件一：《大班活动：排水沟里取物》①

【活动缘起】

我园一楼户外活动场所的地面上分布着几条排水沟，用于将地面积水引向地下水沟。排水沟的上面盖着一块条状的沟盖板，防止杂物掉落。9 月初，孩子们升入大班，班级从原来的二楼调整到了一楼。一次户外活动时，孩子

---

①　获 2019 年福建省幼儿园优质课例。

们不小心将一个较小的玩具滚进了排水沟。有的幼儿尝试伸手去取，但是缝隙太小，手伸不下去；有的幼儿想要掀上面的铁盖子，可是铁盖太重了，掀不开；有的幼儿拿来捞小鱼的渔网，可是排水沟有一定的深度，渔网够不着……努力了几次都没取出来。于是，孩子们蹲在一旁看着排水沟里的玩具，互相讨论该怎么办，有的说用棍子，有的说用夹子，还有的说请保安叔叔帮忙。针对观察到的现象，教师进行了分析：首先，在日常生活中，我们经常会遇到物体掉至某处而无法直接取到的现象；其次，“掉进排水沟的玩具取不出来”这一问题是幼儿自己发现的，对于幼儿来说具有内在探究动机；最后，受年龄限制，幼儿想到的解决办法比较单一，没能想到用材料组合的方式来取物。因此，教师设计了“排水沟里取物”这一集体活动，创设一个模拟真实环境的游戏场景，引导幼儿在操作探索和交流分享中，共同梳理制作工具及用工具取物的方法，从而解决问题，并迁移到生活中加以应用。

【活动目标】

1. 能根据排水沟里的物品选择适合的材料制作工具，顺利地取出物品。

2. 初步学会合作，调整材料，解决问题。

3. 体验解决生活中的问题的成就感。

【活动准备】

1. 经验准备：幼儿有使用茅根、透明胶连接物体的经验。

2. 材料准备：“排水沟”（高 40 cm、带条状盖子）、带环的小玩具、铁质物品、塑料花片、玻璃珠、一次性筷子、小竹竿、小网勺、电线、展示架、高拍仪、PPT、透明胶、茅根、记录单、笔等。

【活动过程】

1. 观看视频，激发兴趣。

（1）教师播放一段玩具掉到排水沟里的视频，提醒幼儿认真观看视频里发生了什么事情。

（2）幼儿互相描述视频中的情景。

（3）教师提问：如果你遇到这样的事情，比如花片、硬币、钥匙、玻璃珠掉进排水沟，你会用什么办法把东西取出来？

（4）幼儿互相说出自己的办法。

2. 尝试制作取物工具，记录取物方法。

（1）幼儿根据自己想到的方法选择材料自制工具取物，并将成功的方法记录下来。

（2）鼓励幼儿尝试多种方法取物，提醒幼儿遇到困难时可以与同伴相互帮忙、共同合作。

（3）幼儿操作完毕后，教师提醒每组幼儿及时将桌面整理干净，将自制的工具放在展示架上，带着记录单坐回自己的座位并与同伴分享自己的方法。

3. 经验交流分享，教师梳理提升。

（1）请个别幼儿带着记录单介绍自己制作的工具。

师：你制作了几种取物工具？取出了哪些物品？这些物品都有什么共同的特点？

（2）教师请幼儿分享制作工具的方法。

（3）教师利用PPT梳理小结。

①多种工具配合使用可以取出多种物体。棍子加磁铁能取出铁制品；棍子加钩子能取出有洞或带环的物品；棍子加小网勺能捞出比较小的东西；还有些没有洞但有一定重量的物品可以用夹、粘的方法取出来。

②在制作工具时，可以采用变形及组合的方式，还可以借助材料，用拧、绕、粘、缠等方法让工具更牢固。

【活动延伸】

1. 当生活中遇到东西取不到的问题时，可以想办法，动手试一试，利用工具将物品取出来。

2. 将材料继续投放到游戏区域中，鼓励幼儿尝试各种方法把“排水沟”中还未取出的物品全部取出来。

（厦门市集美幼儿园　邹靓）

附件二：《大班活动：走进国旗护卫队》[①]

【活动缘起】

开学初，幼儿园需要组建一支新的国旗护卫队，大班幼儿跃跃欲试，自发地在区域游戏中练习踏步、立正等动作，准备参加选拔。游戏中，幼儿提出“为什么需要国旗护卫队”“国旗护卫队是怎么守卫国旗的”等问题，可以看出幼儿虽然对国旗护卫队充满兴趣和崇拜之情，但对其职责尚不了解。《指南》在社会领域提出“具有初步的归属感”的培养目标，大班幼儿要“知道国家一些重大成就，爱祖国，为自己是中国人感到自豪”。因此，教师追随幼儿的兴趣和需要，设计了大班社会活动“走进国旗护卫队”。活动中，教师通过多种形式引导幼儿了解国旗护卫队守卫国旗的神圣职责与使命，使幼儿对国旗和国旗护卫队产生尊敬之情，萌发爱国的情感。

【活动目标】

1. 了解国旗护卫队的神圣使命与职责，知道国旗是国家的标志和象征。
2. 能大胆与同伴分享搜集到的有关国旗护卫队的信息。
3. 感受国旗护卫队守卫国旗背后的爱国之心，激发爱国情感。

【活动准备】

1. 知识经验：幼儿有现场或者通过视频观看天安门国旗护卫队升旗的经历，教师请幼儿提前将自己想了解的有关国旗护卫队的问题记录下来；幼儿了解国旗的颜色、图案代表的含义。

2. 材料准备：平板电脑若干（内置国旗护卫队的相关微课课件四个）、智能音箱、夹板和记录笔。

【活动过程】

1. 导入活动，让幼儿自己提出问题。

师：最近我们幼儿园在征集周一升旗的护旗手，昨天老师播放了天安门国旗护卫队升国旗的视频，小朋友们对国旗护卫队有很多疑问，老师请你们把问题都记录下来了，谁愿意来和大家分享一下？

---

① 获 2021 年福建省幼儿园优质课例。

幼儿提出记录单上记录的问题，教师在白板上记录。

2. 幼儿自主搜集信息，了解国旗护卫队守卫国旗的神圣使命与职责。

（1）幼儿带着问题自主搜集信息，寻找答案并及时记录。

师：原来小朋友们对国旗护卫队有这么多想了解的问题。今天老师准备了平板电脑、智能音箱，也邀请到大学国旗班的两位旗手，让大家能了解更多的关于国旗护卫队的信息。请小朋友们带着自己的问题去寻找答案，找到以后及时地记录下来。

（2）幼儿分享自己的记录，教师利用思维导图梳理经验。

师：你们的问题都找到答案了吗？带着记录单来跟大家分享一下。

（3）小结：国旗护卫队把国旗看得比自己的生命还重要，因为守卫国旗和维护国旗尊严是他们的神圣使命和职责。

3. 旗手分享视频《走进国旗护卫队》，为幼儿进行讲解。

（1）旗手为幼儿讲解视频。

师：旗手们给小朋友们再详细介绍一下国旗护卫队吧。

（2）体验游戏："一分钟定型训练"。

4. 幼儿观看微课《珍贵的国旗》，理解国旗的意义。

（1）教师引导幼儿观看微课，让幼儿知道国旗是伟大祖国的标志与象征。

师：为什么国旗护卫队要守卫五星红旗呢？

（2）幼儿自由表达自己的想法。

5. 教师分享新闻，引发幼儿申领国旗的愿望。

（1）旗手介绍国旗可以赠送给学校。

（2）教师分享新闻。

师：前几天新闻报道了我们市的火炬学校获赠一面来自天安门广场的国旗，小朋友们知道为什么火炬学校能够获得如此珍贵的礼物吗？我们来看看这则新闻。

（新闻报道内容：20 年来，厦门火炬学校坚持每年的国庆节全体师生齐聚校园、同升国旗。在办校 20 周年时，火炬学校向天安门地区管委会提出申请，获赠了一面来自天安门广场的五星红旗。）

(3) 教师引导幼儿说说自己内心的想法，并思考如何申领国旗。

师：看完这则新闻，你们有什么想法？如果你们也想申领国旗，该怎样做？

【活动延伸】

1. 区域游戏：为幼儿提供小旗手的服装，鼓励幼儿积极练习参与国旗护卫队的选拔。

2. 鼓励幼儿写信给天安门国旗护卫队申领国旗。

（厦门市集美幼儿园　陈晓琳）

第五章　自主游戏质量

第一节　厦门市幼儿园自主游戏质量监控指标

<table>
<tr><th colspan="2">项目</th><th>考察要点</th><th>信息采集</th></tr>
<tr><td colspan="2">游戏计划</td><td>体现对幼儿游戏的观察、分析及推进游戏的指导思路。</td><td>查阅游戏计划，与园长、教师交流</td></tr>
<tr><td rowspan="7">游戏条件与利用</td><td>时间</td><td>在一日活动中保证幼儿有充足的自主游戏时间，可根据需要弹性安排。</td><td rowspan="7">现场观察，查阅游戏计划，与园长、教师交流</td></tr>
<tr><td rowspan="2">场地</td><td>因地制宜提供安全的游戏环境。</td></tr>
<tr><td>鼓励幼儿自主布置游戏环境。</td></tr>
<tr><td rowspan="3">玩具材料</td><td>游戏玩具材料符合安全、卫生要求。</td></tr>
<tr><td>游戏材料数量充足、种类丰富，以低结构材料为主，能满足幼儿自主游戏的需求。</td></tr>
<tr><td>充分利用生活中的自然物、废旧物等材料，鼓励幼儿自己准备游戏材料。</td></tr>
<tr><td rowspan="6">游戏支持与引导</td><td rowspan="6">幼儿表现</td><td>情绪愉悦，积极参与。</td><td rowspan="6">现场观察</td></tr>
<tr><td>能自主选择游戏主题、角色、玩伴、材料和玩法，自主决定游戏进程。</td></tr>
<tr><td>大胆想象，能创造性地使用材料，探索游戏新玩法。</td></tr>
<tr><td>遇到问题，能尝试自己解决或主动寻求帮助。</td></tr>
<tr><td>乐于交往，愿意与同伴合作游戏。</td></tr>
<tr><td>有序取放玩具材料，整理游戏场地。</td></tr>
</table>

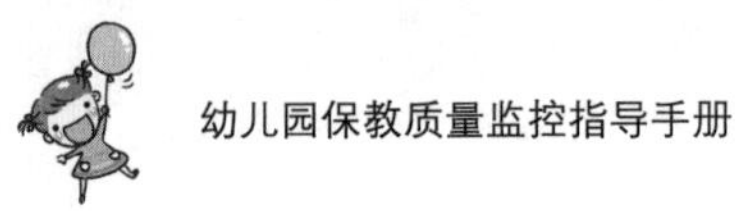

续表

项目		考察要点	信息采集
游戏支持与引导	教师支持	观察幼儿游戏行为并做必要的记录，了解幼儿的游戏动态，关注幼儿与环境、材料、同伴互动的过程。	现场观察，访谈，查阅资料
		基于幼儿游戏中的言行判断其发展水平、兴趣和需要，恰当地给予支持和回应。	
游戏分享与评价	教师行为	与幼儿一起分享游戏中的发现、困惑和问题，共同商讨解决的办法。	
		灵活采用集体、小组、个别的组织形式，支持、倾听幼儿的多元表达。	
		鼓励幼儿为下次游戏做力所能及的准备。	
		善于发现幼儿游戏中的教育契机，适时给予有效的支持。	
	幼儿表现	愿意用各种形式表征游戏经验并与他人分享。	
		认真倾听他人的分享，并做出回应。	
		尝试提出游戏中的问题，并与同伴讨论解决。	

第二节 厦门市幼儿园自主游戏质量监控指标说明文本

幼儿园游戏，可以分为教学游戏和自主游戏两大类。教学游戏，是教师为完成教学任务编制的游戏，如语言游戏、数学游戏等。教学游戏多为有规则的游戏。自主游戏，是幼儿自主开展、自发交流、自由选择的游戏。

“幼儿园自主游戏质量监控指标”仅是对自主游戏的质量监控，主要从游戏计划、游戏条件与利用、游戏过程、游戏分享与评价等方面，对幼儿园中让幼儿自选游戏主题、玩伴、玩具材料，及自己掌握游戏过程的区域游戏、户外自选游戏、角色游戏、表演游戏、结构游戏等游戏质量进行监控。

教学游戏，因是教师为完成一定的教学任务而以游戏的形式设计的活动，不属于本章节的解读范畴。

一、自主游戏的概念界定及其对教师的专业要求

（一）自主游戏的界定

自主游戏是幼儿自主开展、自发交流、自由选择的游戏。幼儿可以在游戏中自己决定玩什么、跟谁玩、怎么玩。自主游戏强调的是幼儿游戏中自主性、积极性乃至主观能动性的发挥。游戏是幼儿生活的反映，是幼儿经验的表现，应让幼儿以自己喜欢的方式玩自己想玩的游戏。

自主游戏的主要形式有：区域游戏、创造性游戏、户外自选游戏等。

（二）自主游戏对教师的专业要求

教师首先应把游戏的“自主”还给幼儿，让游戏环境更为宽松，让幼儿的游戏交往更为深入，让游戏问题以更符合幼儿特点的方式得以解决，让游戏更能满足幼儿在“最近发展区”的发展需求，让幼儿在游戏中获得快乐的成长。

自主游戏虽然强调游戏的主题、环境、材料交由幼儿自由支配，但不等于教师可以“放羊”了。自主游戏更强调教师对幼儿的指导作用，只不过教

师的指导从传统的直接引导变为隐性的支持，因此，教师应改变原来为幼儿布置固定的游戏场景，规定游戏主题、玩法的做法，提供场地、材料、时间支持幼儿的自主游戏。

1. 游戏前，教师应创设轻松的氛围，鼓励幼儿自主决定游戏主题、角色、玩伴、玩法和材料，幼儿想结束游戏时就让他们结束，尽可能为幼儿提供场地、材料、时间上的支持。

2. 游戏中，教师应有耐心地观察、了解幼儿与环境、材料、同伴互动等游戏行为，支持幼儿的探究、试错、重复等行为，思考分析幼儿所表现出来的游戏水平及其可能蕴含的发展价值，并给予适宜的支持与回应。

3. 游戏后，教师应帮助幼儿梳理、提升游戏的经验，激发幼儿继续游戏的愿望。

二、游戏计划

游戏计划是教师依据幼儿的已有经验及发展需求而对游戏进行的预设，教师可基于对幼儿游戏的观察与分析，提供经验、环境、材料、时间等方面的支持。

（一）制订前提

1. 观察分析幼儿游戏。

2. 了解幼儿生活经验。

3. 思考游戏与其他活动互相生成的可能。

（二）基本格式与内容建议

游戏计划可以分为区域游戏、创造性游戏和户外游戏计划等，游戏计划可采用表格式或文字描述式。

1. 区域游戏。

区域游戏计划可以在周计划中体现，也可以单列。单列区域游戏计划可以周或月为预设周期。参考格式如下：

第____周区域游戏计划

______年____月____日—____日

区域名称	玩具材料及玩法预设	观察分析或调整

2. 创造性游戏。

刚开学的第一次游戏计划，教师可根据对幼儿发展水平的了解，引导幼儿讨论：想玩什么？想和谁一起玩？游戏计划可参考以下格式：

____________游戏计划

______年____月____日

幼儿游戏现状分析	1. 全班幼儿原有的游戏兴趣、游戏水平的分析。（可从游戏主题、交往情况、材料使用等方面进行有侧重的分析） 2. 游戏环境、材料的现状。
游戏预设	游戏准备。（游戏场地、基本玩具材料等的准备） 游戏指导。（游戏开始如何与幼儿互动以引发幼儿自主游戏）

第二次的游戏计划一般包含三部分。

（1）上次幼儿游戏的观察记录：我看到了什么？即客观真实记录幼儿的游戏情况。注意全面观察与重点观察相结合，体现全体幼儿游戏情况及1～2个典型行为或主题。

（2）幼儿游戏分析：我看懂了什么？即运用理论进行分析。分析立足于“以人为本”“终身发展”的理念，可以从下面三个方面分析幼儿的典型行为或问题：

第一，立足游戏情境进行分析。

第二，依据幼儿的年龄特点和发展水平进行分析。分析应以《指南》中五大领域核心要素、学习品质为抓手，对幼儿的游戏行为做整体分析，而不是片面地指出幼儿的某一点不足；力求建立对幼儿全面的了解，关注幼儿行为发生的情境和原因，而不是只对某一行为结果做评论。

第三，梳理需要解决的问题。

（3）幼儿游戏推进：我可以做什么？即下一次游戏推进思路。

第二次的游戏计划可参考以下格式：

________________游戏计划

_______年___月___日

对上次游戏的观察与分析	1. 游戏概况。 2. 观察记录1～2个主题并进行分析。 3. 提出需要解决的问题。
游戏推进思路	针对上次游戏的情况提出推进游戏的思路。如利用其他活动形式或资源丰富相关的知识经验，利用其他游戏材料或环境，等等。
本次游戏指导要点	开始指导 过程指导 评价指导

三、游戏条件与利用

《纲要》指出："幼儿园的空间、设施、活动材料和常规要求等应有利于引发、支持幼儿的游戏和各种探索活动，有利于引发、支持幼儿与周围环境之间积极的相互作用。"因此，组织自主游戏，教师应该做到真正放手，让幼儿成为游戏的主人，尽量不干预幼儿正在进行的游戏，营造宽松、自主的游戏氛围。教师应从"以幼儿为本"的视角关注游戏的条件，提供充足的游戏时间、适宜的游戏场地和玩具材料，满足幼儿游戏的需要。

（一）游戏时间

幼儿每天应有充足的自主游戏时间。幼儿园可结合季节特点和园本实际，

为幼儿的自主游戏提供时间保证。幼儿在园的一日活动中，小班游戏时间一般应达 120 分钟以上，中班 100 分钟以上，大班 90 分钟以上；中、大班幼儿每天至少有一次机会连续进行 45 分钟以上的自主游戏。

（二）游戏场地

幼儿园应充分利用室内外活动空间开辟游戏活动场所，教师因地制宜为幼儿提供安全、适宜的游戏场地，鼓励幼儿自主布置游戏环境，允许幼儿自主支配游戏场地。

1. 区域游戏。

教师可根据幼儿的发展需求、课程安排及活动室的空间，合理规划区域，使进出动线畅通。各区之间应动静分开、避免互相干扰，一般以低于幼儿身高的玩具架或柜子适当隔离，保证所有幼儿的活动均在教师视线范围之内。

班级区域可划分为角色游戏区、建构游戏区、美工区、科学区、图书区、表演区等，也可以做其他划分，如以主题、材料划分等。

2. 创造性游戏（角色游戏、表演游戏、建构游戏等）。

充分利用幼儿园的功能室、户外场地或班级，为幼儿的创造性游戏提供适宜的场地。

教师应把游戏环境创设的决定权交给幼儿，避免包办代替。角色游戏与表演游戏场景，小班可以教师为主创设，中、大班应尽量鼓励幼儿自己创设，鼓励支持幼儿自己准备游戏材料，避免提供过多仿真玩具。

3. 户外游戏。

幼儿园应为户外游戏提供安全，适宜，富有野趣、童趣的游戏场地，以及适宜的器械、玩具材料等。例如：可提供让幼儿进行走、跑、跳、钻爬、攀登、投掷、拍球等活动的材料和场地，发展幼儿动作协调性和灵活性，也可提供引发幼儿自由开展角色扮演、建构活动的材料，支持幼儿开展户外创造性游戏。

（三）游戏玩具材料

玩具材料是游戏的物质支持，教师应为幼儿提供安全、丰富、适宜的游戏材料。

1. 游戏材料符合安全、卫生要求。

游戏材料是幼儿直接接触、摆弄的物品，为了预防游戏材料可能对幼儿造成的伤害，教师在提供游戏材料时应注意安全、卫生，可以从有无毒物质（重金属等），是否易碎，是否牢固，有无破损，边缘、点、角是否锐利，是否带细长线（长度不能超过30厘米），是否体积过小（容易吞食或塞入耳鼻而造成意外伤害），是否适宜游戏者的大小肌肉运动能力发展等方面进行排查和选择。

对教师、家长、幼儿收集的自然物和废旧物等游戏材料也不能掉以轻心，在游戏前教师应充分检查材料是否符合安全、卫生要求，避免游戏过程中的不安全问题。

2. 游戏材料数量充足、种类丰富，以低结构材料为主，能满足不同年龄、不同水平幼儿的游戏需求。

教师应根据幼儿的年龄特点和发展水平提供数量充足、种类丰富的游戏材料，确保每个幼儿都能够根据自己的兴趣和需要来选择和使用游戏材料，满足自主游戏的需求，获得各种不同的游戏活动的体验，支持幼儿自主探究、表达表现。

形象逼真的模拟玩具或真实物能唤起幼儿的生活经验，蕴含变化契机的器材能激发幼儿的游戏兴趣。教师应为幼儿提供高、中、低结构的材料及非结构的材料，避免提供过多仿真玩具。例如，在建构游戏中，教师应提供不同材质、形状、大小、颜色的玩具及辅助性材料。再如，在户外游戏中，可提供引发幼儿开展角色扮演、建构活动的材料，支持幼儿开展户外创造性游戏。

游戏材料应分类摆放，收纳有序，标识清晰，便于幼儿选择、取放与整理。

四、游戏支持与引导

（一）游戏开始

第一次游戏，在起始环节，教师应该尊重幼儿的游戏意愿，鼓励幼儿自

己决定玩什么、和谁玩、怎么玩，激发幼儿参与游戏的热情。教师常用的指导语可以有“你想玩什么游戏”“你想和谁一起玩，在哪儿玩”“你可以去玩你自己想玩的游戏”等。

第二次游戏后，教师还可以引导幼儿交流自己准备了什么玩具材料，针对上一次游戏出现的问题交流解决的办法，或交流新游戏、新玩法等。

（二）游戏中

在游戏中，教师要鼓励幼儿自由交往、合作游戏、创意表达，让幼儿充分自主地表现其应有的游戏水平，体验游戏所带来的愉悦。教师应耐心观察幼儿的游戏，并给予适宜的回应。教师可以从以下几个方面观察了解幼儿的游戏行为，判断幼儿的游戏水平及游戏中的表现情况。

1. 观察了解幼儿的游戏表现及发展水平。

（1）是否情绪愉悦，积极参与。

幼儿会专注于游戏中，对旁观的人（如教师）可能会视而不见，也可能会主动、兴奋地向教师介绍自己的游戏。

（2）能否自主选择游戏主题、角色、玩伴和材料等。

幼儿能主动参与，自主决定玩什么、怎么玩、和谁玩。

（3）能否大胆想象，自己设定情节或玩法。

教师应鼓励幼儿用自己喜欢的方式玩游戏。创造性游戏中幼儿基于现实与想象所演绎出来的情节，是幼儿对生活的理解的表现。因此，游戏中幼儿的拟真行为、以物代物及设定情节的丰富程度等，都是幼儿游戏水平的反映。

游戏中的替代想象，既反映幼儿的游戏水平，又发展了幼儿的想象力、创造力，教师应鼓励幼儿在游戏中大胆想象、大胆表现。

基于幼儿自主行为的游戏情节，与幼儿的生活经验相关，教师不应只是关注游戏中出现了哪些游戏主题（内容），而应更关注幼儿在游戏中所表现的对相关主题（内容）的内在理解。例如，小班娃娃家游戏中，A 娃娃家的幼儿只是各玩各的，互不交往；B 娃娃家的幼儿爸爸会去买菜给妈妈做菜，妈妈会要求爸爸开车送宝宝到医院看病。B 娃娃家幼儿的游戏情节更为丰富。再如，同样是大班幼儿在玩警察游戏，A 班幼儿只能玩警察在十字路口指挥交通的游戏情节，而B班幼儿除此以外，还玩出了警察破案、训练等游戏情节，显然B班幼儿的游戏情节比A班幼儿丰富。教师应关注幼儿游戏中情节的发展，关注游戏中幼儿的交往、认知等需求，采用适宜的方式，提升幼儿经验，推进幼儿的游戏水平提高。

(4) 遇到问题，能否尝试自己解决或主动寻求他人帮助。

幼儿在游戏中会出现各种各样的问题，如何解决问题，也是幼儿游戏水平的主要表现。在遇到问题时，有的幼儿能利用已有经验自己解决，有的幼儿解决不了但能主动寻求他人帮助。不同的问题解决方式，反映的是幼儿的不同发展水平，教师应学会耐心观察。如以下案例中，教师耐心观察，不仅可以看到幼儿良好的学习品质，也让幼儿发现了自身的能力。

中班美甲店

中班美甲店要开张了，多多和贝贝一起用彩绸装饰美甲店的门（图1)。多多很快把彩绸的一头系在了门柱上，就去做其他准备了，贝贝拉着彩绸的另一头要系到另一边的门柱上。她把彩绸绕过门柱卷了卷后，一放手，彩绸掉了；她再把彩绸拉长，绕过门柱，使劲卷了起来（图2)。这时，另一头彩绸掉了，她没看到。多多看到了，过来拉住彩绸，再熟练地系到门上。她拉住系着的那头，不让它滑掉，好让贝贝能把另一头系好（图3)。

图1

图2

图 3

图 4

图 5

图 6

图 7

图 8

贝贝让多多帮她系，自己却到另外一头，把多多已经系好的彩绸解开重新系，她还是用绕的方法（图 4）。多多系好后跑开了，彩绸在贝贝的拉扯下又松开了(图 5)。贝贝请顾客晨晨来帮忙，晨晨很快帮她系好了一头（图 6），贝贝也用晨晨的方法把彩绸打了个结（图 7），她放开手，发现彩绸没有再掉了。贝贝高兴地把彩绸往高处推（图 8），多多看到了，也过来一起把彩绸推往高处。她们发现彩绸仍然没有往下掉，真的成功了，高兴地跳了起来。

因此，教师应观察幼儿在游戏中解决问题的态度及方法，了解幼儿是如何利用已有经验解决问题的。

(5) 是否乐于交往，愿意与同伴合作游戏。

自主游戏为幼儿提供了社会性发展的机会，教师应该鼓励幼儿主动与同伴交往，学会与他人合作、共同游戏。

幼儿游戏的过程中，出现争吵、抢玩具、打架等现象是正常的，教师应明白这些现象是幼儿学会与人交往、合作共处的好机会。一般情况下，幼儿都能够自己解决游戏中出现的交往与合作问题，因此，此时教师应密切关注幼儿解决问题的方法，而不应过多干预。但当幼儿在争抢玩具的过程中出现危险的攻击性行为，如拿积木或小椅子砸向同伴时，教师应及时介入，避免事故发生。教师可以就幼儿在游戏中出现的社会交往问题，有针对性地组织讨论，提供给幼儿更多正面交往方式的学习与练习机会。

(6) 能否有序取放玩具材料，整理游戏场地。

游戏开始时，幼儿应根据自己的游戏需要选择玩具材料，布置游戏场地；在游戏过程中，幼儿应适时整理玩具材料，有序摆放；游戏结束时，幼儿能自己收拾整理玩具材料和游戏场地。

2. 观察幼儿游戏的方法。

(1) 教师在全面观察的基础上做好重点观察。

全面观察：游戏初，教师应全面观察幼儿的游戏情况，了解全体幼儿都在做些什么、做得怎么样了，以了解幼儿的游戏动态，了解幼儿与环境材料、同伴互动的基本情况。

重点观察：在全面观察的基础上捕捉有价值的游戏行为或事件。例如，观察有哪些或哪个幼儿在游戏中有什么不一样的行为表现，是否遇到了问题或困难，捕捉幼儿在游戏中的行为表现，如态度、动作、表情、交往、语言等具体信息。

在观察的基础上，思考分析幼儿行为背后的发展情况。如幼儿为什么会有这样的游戏行为？幼儿运用了哪些经验？处于什么样的发展水平？有什么经验他没运用？为什么？

在观察的过程中，教师可利用照相、摄像等技术，及时记录幼儿在游戏中的典型行为表现，为进一步分析幼儿的行为服务。

（2）对幼儿游戏中的言行做出合理的价值判断，恰当地给予支持和回应。

幼儿游戏时，教师不要急于指导，应注意观察、识别幼儿的游戏需求或问题，例如：幼儿是否能自己解决，是否可以通过与同伴协商解决，是否需要教师的帮助，等等。除非出现不安全因素，否则教师应尽量支持幼儿自己解决游戏问题，让幼儿在自己解决游戏问题的过程中，体会到成功的快乐，获得积极的游戏体验。当幼儿遇到无法自己解决的问题时，教师应当顺应幼儿的游戏意愿，把握时机，适时地介入指导，帮助幼儿实现游戏构想。

以下几种情况可作为教师现场介入幼儿游戏的时机：

①当幼儿在游戏中主动寻求教师帮助时。

教师的介入不是给予现成的答案，而应提出启发性的问题或建设性的意见，引导幼儿积极思考，自主地寻求解决问题的办法，获得相关的经验和能力的增长。例如，在娃娃家游戏的幼儿向教师提出要一张桌子时，教师就可以提示幼儿："有什么东西可以变成小桌子呢？"以一个"变"字启发幼儿寻找替代物。

②当幼儿的游戏行为或游戏材料存在安全隐患时。

幼儿年龄小，缺乏预见和应对危险的知识和经验，出现安全隐患时，教师应及时介入。如建构游戏中的大型建构材料堆砌太高有可能倒塌砸伤幼儿时，教师应及时介入。幼儿常将假想与现实混淆，如角色游戏的面包、鸡腿等道具做得太逼真而使幼儿将其放入口中时，教师应直接告诉幼儿："这是真的鸡腿吗？可以吃吗？"以防止这一行为给幼儿带来伤害。

③当幼儿在游戏中表现出过激行为时。

当游戏材料分配不均、幼儿意见不统一时，经常出现各种矛盾，教师要引导幼儿学会解决矛盾冲突，学习与人交往。面对幼儿的过激行为，教师应立即介入妥善解决。例如：耐心地倾听他们阐述各自的理由；组织幼儿讨论诸如"很多人都想玩，怎么办""意见不统一时，怎么办"等问题；引导幼儿通过“石头、剪刀、布”、协商轮流上岗、开展竞赛等方式解决问题。教师应帮助幼儿获得解决问题的有效方法，传递给幼儿正确的与人相处的理念。

④当玩伴之间出现游戏纠纷无法自行解决时。

教师需准确判断幼儿产生纠纷的原因，做出有效调节，帮助幼儿顺利开展游戏。在以下案例中，当幼儿因场地太挤无法继续游戏时，教师及时介入，有效协调解决问题。

大家都要进入建构区怎么办?

本周新投放了镶嵌插片的建构区挤满了幼儿，乱哄哄的……有的幼儿跑来找老师告状，有的幼儿在建构区大声叫喊老师，有的幼儿被挤哭了。

教师过来，暂停了幼儿的游戏，请他们站在原地说一说发生了什么事情，数一数建构区里面有多少人。幼儿七嘴八舌说明了各自的理由后，教师问幼儿：“怎样才能好好玩?”有的幼儿说，人不能太多，有的说可以轮流玩。到底建构区多少人玩才合适呢? 在教师的引导下，幼儿通过尝试，确定了一次进入建构区的适宜人数。

⑤当幼儿的游戏行为与社会主义核心价值观冲突时。

幼儿的游戏行为能反映幼儿的生活。在社会生活中，幼儿可能接触到一些不恰当的行为或有悖于社会主义核心价值观的现象，在游戏中，他们偶尔会对此进行下意识的模仿，如幼儿在娃娃家里“抽烟”“打麻将”等，这时教师可依据情况，或采用平行游戏的方式，或采用直接介入指导的方式，转移幼儿的注意力，引导幼儿的游戏行为，并通过游戏后的分享、家园合作等，推进游戏积极向上地发展，培养幼儿正确的价值观与行为。

你要一起打麻将吗?

角色游戏开始，美美、小雨、佳佳、小军、彤彤等小朋友在娃娃家开始了游戏。美美到建构区拿了一些多米诺骨牌放在桌上说：“你们要不要来玩麻将啊?”小军抱着娃娃走过来说：“我也会玩，还可以赢很多钱。”然后就把百宝箱里的花片分给围观的小雨、佳佳、彤彤，还一边说：“等下你们要是输了就要给我钱，这些钱先给你们。”在接下来的游戏中，美美和小军拿着多米诺骨牌不断让其他小朋友“出牌”，再拿了其他小朋友的花片说：“你输了，给

钱!”这时教师通过扮演奶奶的角色，到娃娃家做客，观察幼儿的行为，转移幼儿的注意力，引导幼儿开展其他积极向上的活动。在活动后教师组织幼儿讨论爸爸妈妈平时在家都做什么事，并通过家园沟通，让幼儿感受到爸爸妈妈积极向上的一面。

⑥当教师发现可提升幼儿游戏经验的契机时。

幼儿在游戏时往往会出现一些下意识的模仿行为，这些行为需要教师即时强化，以唤醒幼儿的意识，提升幼儿的游戏能力。如角色游戏中，男孩拄着长柄雨伞一直走来走去，教师有意识地在游戏分享环节请他和大家分享有关“为什么拿着雨伞走路，是当爷爷吗?”的话题，借此鼓励幼儿以物代物的游戏行为，还可以引发“你知道爷爷平时还做些什么事吗?”等关于角色意识和情节的话题讨论，以此提升游戏水平。

此外，在幼儿的游戏中，可能还会出现诸如“游戏时遇到困难而放弃原来构思的游戏情节”“不愿参与游戏而游离”等情况，教师应判断幼儿是真的不喜欢玩，或是有其他的原因。如果幼儿因为自身的原因而换成玩其他的游戏了，教师不应加以干预；如果幼儿因为自身的原因确实不想参与游戏，教师应尊重幼儿，给予独处的空间，而不应强迫幼儿玩游戏；同时，教师应密切关注幼儿，并寻找适当的时机了解幼儿不想玩游戏的原因，疏导幼儿的情绪。

五、游戏分享与评价

游戏结束后，教师引导幼儿回顾游戏过程，交流游戏玩法，能够帮助幼儿将游戏中有意义的无意识行为显性化，激发幼儿继续游戏的热情，提升幼儿的游戏能力及水平。

（一）教师支持

游戏分享时，教师应认真倾听幼儿表述，为幼儿的游戏分享创设宽松、愉悦的交流氛围，鼓励、支持幼儿游戏中的创造，引导幼儿探讨游戏中的问题，激发幼儿进一步游戏的兴趣和热情。

1. 与幼儿一起分享游戏中的发现、困惑和问题，共同商讨解决的办法。

教师在组织幼儿分享交流时，为了让幼儿更直观了解情况，可借助幼儿的作品、游戏过程拍摄的照片或录像。一般情况下，游戏分享可从以下几个方面有所侧重地展开：

（1）分享经历或发现。

引导幼儿向同伴介绍自己的游戏经历或体验，分享游戏的乐趣。教师应根据幼儿游戏的情况，针对新游戏、新玩法或不同于常态的情况，有所侧重地引导幼儿介绍自己的游戏，不需要面面俱到将所有游戏主题都进行交流。教师的引导语可以这样问：你今天玩了什么游戏，你是怎么玩的？你今天搭建了什么？你们几个组成什么团队，做了什么事？

（2）解决问题。

对于游戏中的纠纷或争执、游戏中未能解决的困难、游戏中出现的问题行为等，教师可利用图片或小视频回放再现游戏情境，引导幼儿讨论，让幼儿表达自己的观点。提出问题，引导幼儿思考困难或问题的症结，集思广益，共同解决问题，鼓励支持幼儿在游戏中参与与自己有关的决策。

以下案例中，在围绕“消防车”的话题交流时，教师引导幼儿通过你一言、我一语的商讨，进一步丰富相关经验，也为第二天的游戏拟定了一份新计划。

这车不能乘

游戏中，浩浩报告：“娃娃家着火啦！”娃娃家的妈妈烧饭时不当心引起火灾。浩浩义不容辞地当起了消防员。他用小椅子搭了一辆车子，这就是他的消防车。可是他搭的消防车和教室里已有的大客车一模一样。一些孩子不知原委，看见教室里又有了一辆车子，就坐了上去。这可把消防员浩浩急坏了，他一边拼命地把小朋友往外拽，一边不停地喊：“这车不能乘！这车不能乘！”结果引来了更大的麻烦，被拽出的孩子依然拼命要往里挤，纠纷由此开始……

这天的交流中，教师请纠纷双方都说说自己的理由。

浩浩一肚子不满意，他一再强调：“我搭的是消防车，只有消防员才能乘！”其他孩子也感到委屈：“消防车和大客车一模一样，分不清楚呀。”

“两辆车子都停在马路上，看上去一模一样，分不清消防车、大客车，那

该怎么办呢?”教师的话揭示了问题的症结。于是，大家开始帮浩浩出主意。

“你在消防车上装一个大水箱，就不会搞错了。”

“你的消防车上要是有警笛，‘嘀嘀嘀’一叫，娃娃家的人就不会乘上去了。”

“你的消防车上可以装一根水管，很长很长的，喷水用。”

“你的消防车应该是红色的，我看见马路上的消防车都是红色的。”

浩浩听了同伴们的建议，再看看教室里停放的两辆一模一样的车也不再生气了，他说：“我明天要搭一辆真正的消防车，和大客车不一样。”

在上述的交流中，我们可以看到交流讨论的话题源自游戏中幼儿之间产生的纠纷，聪明的教师会将这样的冲突视为良好的教育契机，鼓励幼儿在交流过程中有效地化解矛盾。

(3) 丰富认知。

幼儿游戏时，往往会因认知不足而产生矛盾冲突或问题，教师可以此为契机，关注幼儿之间游戏冲突的解决，如幼儿说什么，做什么，用什么方法解决。在分享时激发幼儿的学习热情，为后续解决认知冲突、丰富经验做准备。

在以下案例中，教师发现幼儿在游戏中已经产生了与同伴协商合作的意识和行为，于是抓住分享的时机，引导幼儿通过回忆复演经历，介绍同伴间通过协商达成一致意见的过程，引导幼儿主动发现双方“对话”的意义，巩固幼儿有意义的行为，助力幼儿沟通协商能力的发展。

“秘密花园”分享环节的记录

师：你原先打算玩什么?

幼1：建花园。

师：那为什么变成了秘密森林?

幼1：××和××说要玩秘密森林。

师：那你愿意玩秘密森林吗?

幼1：刚开始我不同意。因为……

师：后来怎么又同意了?

幼1：××找我说了一下……我也想玩，他们也都同意。（指着原来的同伴）

师：他说了什么让你这么轻易就同意了？

幼1：他说公园里也可以玩秘密森林……

幼2：不是，我不是这样说的……

师：你来补充下，你是怎么说的？

……

师：说的时候你眼睛看哪里？还做了什么动作？

师：像他们俩这样互相看着对方，你说一句，我也说一句的行为是一种什么样的行为呢？

……

师：两个人之间围绕一件事进行讨论就是“对话”，你们觉得他们之间的对话成功了吗？哪些时候需要对话？对话有什么好处？

……

2. 灵活采用集体、小组、个别的组织形式，支持、倾听幼儿的多元表达。

有的教师认为游戏的分享与评价仅在游戏结束时才能进行，其实，分享与评价可以渗透在游戏的全过程中。教师应在观察游戏的基础上，根据当下幼儿的游戏需求，拓宽分享评价的主体范围和时空，灵活采用集体、小组、个别的分享形式，支持幼儿进行多元表达。

例如在区域游戏时间，轨道探究小组的幼儿屡次失败，游戏进行不下去，此时教师可以及时介入，采用小组讨论的形式，倾听幼儿的困难，引导幼儿发现问题，进行大胆猜测或提出解决办法，甚至鼓励他们通过寻找新的材料或更换轨道衔接方法进行探究试验。到区域游戏结束时，教师可根据观察结果和本班幼儿的发展水平进行判断，如果认为该游戏的推进过程能够反映全班幼儿的共性问题和发展需要，则可以集体分享形式在全班范围内组织对该游戏活动的分享评价，为幼儿创设多元表达的机会和空间。

3. 鼓励幼儿主动为下次游戏做力所能及的准备。

针对游戏分享中讨论的问题及其解决办法，鼓励幼儿主动承担任务，一起动手，为下次游戏做力所能及的准备，避免包办代替，剥夺幼儿发展想象力、动手能力的机会。

例如：当幼儿提出“消防队”游戏需要防毒面具和消防车时，可以鼓励幼儿根据需要自己在美工区制作或与家长共同制作面具、消防车等；当幼儿提出“美甲店”美甲材料不足时，教师可以鼓励幼儿从家里收集空化妆品瓶子、盒子等材料；当幼儿提出“银行”主题游戏需要纸币、银行卡等游戏材料时，可以引导幼儿想办法自己制作纸币和银行卡，或者以物代物。

4. 善于发现幼儿游戏中的教育契机，适时给予有效的支持。

教育契机是指对学生进行某种教育或解决学生某个问题的最佳时机。幼儿的游戏隐含着丰富的教育契机，这些契机可能出现在游戏开始时，也可能出现在游戏过程中，还可能出现在游戏分享交流时。教师要善于发现、观察幼儿在游戏中表现的行为、出现的困难或问题，判断幼儿行为或问题背后的发展需求，通过参观、探究、实验等形式，将幼儿的问题或需求与其他课程形式相链接，拓展提升幼儿的相关经验与能力，推动游戏发展。

例如：在建构游戏“桥”中，幼儿由于对桥梁的感知不足，建构水平难以提升。教师可以请家长利用周末，带幼儿通过实地观察及写生等方式丰富对桥梁构造、外形的认知，还可以通过在集体教学活动中开展与“美丽的桥梁”相关的认知、欣赏活动，丰富幼儿的经验，幼儿就会将这些认知经验迁移到建构游戏中。

再如，教师发现幼儿的警察游戏玩不下去了，“警察”们或无所事事，或随意干扰别人的游戏。这时教师可以联系当地派出所带幼儿参观，鼓励幼儿与警察面对面交流，深度了解警察的工作，幼儿的警察游戏就会越玩越好了。

（二）幼儿表现

游戏分享与评价不是教师的“一言堂”，而应是幼儿能放心大胆地表达真实情绪和不同观点的师幼积极互动的过程。但要形成这样高质量的师幼互动并不是一蹴而就的，需要一定的过程，教师可以根据幼儿的年龄特点和发展水平，有所侧重地从以下几个方面对幼儿进行行为习惯和学习品质的培养。

1. 愿意用各种形式表达表征游戏经验并与他人分享。

教师应允许不同性格、不同兴趣爱好的幼儿用自己的方式表达表征游戏经验，积极引导幼儿通过语言、实物、符号、图像、录音、录像等多种形式表达表征对游戏的想法和体验，并及时给予赞赏和鼓励，提供机会和空间、时间的支持，让幼儿充满自信、从容地在同伴、集体、成人面前分享游戏经历和发现、感受和想法。

2. 认真倾听他人的分享，并做出回应。

认真倾听是教师尊重和回应幼儿的想法与问题的前提，也是幼儿在集体活动中必须具备的品质，更是形成良好的班级师幼互动氛围的基础。教师不但要培养幼儿学会倾听、轮流表达，更要以身作则，身体力行为幼儿做出表率，不轻易打断他们的表达过程，既要让幼儿有充分的时间和机会分享，也要引导其他倾听的幼儿适时适度给予回应。

3. 尝试提出游戏中的问题，并与同伴讨论解决。

鼓励幼儿围绕游戏中遇到的问题和困难进行深入地讨论，并尝试解决问题的办法，这有利于促进幼儿的深度学习，引导游戏向高水平发展。因此，教师应给予幼儿机会，鼓励幼儿大胆提出自己的观点和想法，表达不同的意见，给予幼儿时间与条件，支持幼儿想办法解决问题。

附件：游戏示例

附件一：小班建构游戏“家、医院、车道等”活动计划①

小班建构游戏计划表

第十七周：游戏“家、医院、车道等”　　　　时间：2023年6月2日上午

游戏观察	在本次游戏中，大部分幼儿有较为稳定的建构主题，如陈陈、乖乖等一群女生热衷于搭建医院，文文搭恐龙，小烁搭建车道，还有乂燊、朱毅等搭建各式各样的建筑。尤其要指出的是，约有3/4的幼儿在搭建前能主动提出“我今天想要搭××”。搭建医院的女生还会先邀请同伴，如洛洛对晨晨说：“我们一起搭医院好吗?”羽儿则直接牵着乖乖说：“王老师，我和乖乖还要建医院。”在教师的有意启发下，幼儿搭建前的思考也从单纯的“搭什么”发展到“里面会有什么”，如乖乖组会考虑医院要有床、医生坐的椅子等。 医院组：本次重点观察搭建医院的两组女生。洛洛和乖乖都选用木板、泡沫积塑，但在实际操作中仍和上次游戏一样，只是用大块木板平铺出床铺。当教师询问：“医院的床板是放在地板上的吗?”乖乖组立即反应过来，说：“没有，床铺比较高，床板没有在地板上。”说完便选用泡沫积塑交叉拼插当作床脚，将木板平铺在上面搭建出有高度的病床。而洛洛组不想调整，说她们就喜欢这样的床铺，然后用泡沫积塑交叉拼插的方式在床尾处搭建了一个厕所。在进行约20分钟的搭建后，小女生们就利用“病床”玩起了“医院”的角色游戏：有的扮演病人（被蛇咬到的、屁股痛的等）；有的扮演医生或护士，选拿形似的积木进行打针、拔罐、拍片等。  幼儿搭建的医院

① 游戏示例来源于厦门市教育科学研究院附属幼儿园王颖。

续表

<table>
<tr><td></td><td>车道组：小烁近期对搭建车道感兴趣，今天仍主要选用四倍块积木，辅以圆柱积木进行车道的拼摆。但与之前不同的是，他选取了两块大小不同的曲面积木叠高横摆在窄边上，边摆边说：“这是车子要经过的隧道。”并且将某一段车道架空在另一段平铺在地面的车道上，形成上下“十字交错”的车道形状。
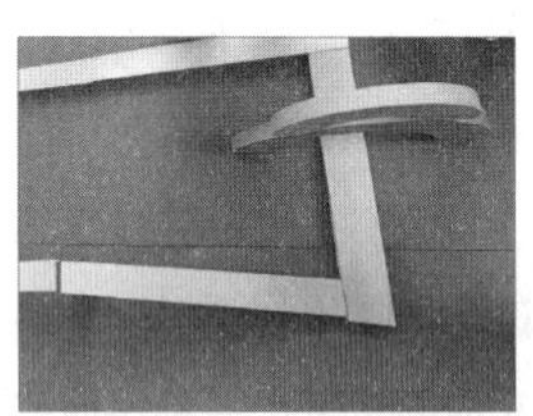 
幼儿搭建的车道
大门、围墙组：小远先用三块四倍块积木架高搭建门框，在两侧地面用四倍块积木围合出一个可把自己包围在内的空间，然后主动邀请老师去做客。当老师故意不走正门，还说“这么低的围墙，我一脚就能走进来”时，他立即说：“那我要把围墙变得高高的!”说完将两块小正方体积木分放在四倍块积木上方两侧进行架高，用这一模式逐一进行围墙的“增高改建”。

幼儿搭建的门框</td></tr>
<tr><td>游戏分析</td><td>1. 大部分幼儿都是先有想法再进行搭建的，体现我班幼儿计划能力的发展。在对自选主题的讨论中逐渐明晰建构内容，既能帮助幼儿更有计划性和目的性地开展建构游戏，又能有效促进幼儿对建构作品的细节表征。
2. 教师通过提问唤起了医院组幼儿对医院细节的回忆，以此增强对其形成图像表征的刺激，扩充知觉信息来源，幼儿因而不断地丰富医院的建构内容（增加厕所）并加强细节表征（调整床高）。此外，幼儿在之后利用建构出的医院开展角色游戏，反映出这些看病的生活情节深入他们的大脑，这些情节通过幼儿自身的加工和理解储存在他们的记忆中，然后在游戏中一点一滴地展示出</td></tr>
</table>

续表

<table>
<tr><td></td><td>来。纵观这一游戏历程，幼儿有很强的冲动去建构一个可以服务于“医院看病”游戏的建构物，这符合幼儿喜欢并需要象征性游戏的年龄特征，教师应认识并尊重他们的游戏方式和情感表达。
3. 小烁今天不仅搭建出高低错层的上下车道，而且搭建的车道有所延长，有上坡、下坡等形式，最吸引人的是这么长的蜿蜒车道竟是可以巡回往返不中断的，这体现了小烁对于空间关系的感知逐渐增强。
4. 小远今天在老师的陪伴鼓励下第一次建构出能容纳自身的“家”，不仅空间感知能力有所提升，而且还运用架高技能搭建了门，运用复制规律进行围墙的搭建，体验到了在“家”中活动的快乐。</td></tr>
<tr><td>游戏推进</td><td>一、游戏后支持
1. 借助角色扮演游戏，丰富拓展医院建构游戏的内容：医院就只有一张病床吗？医生看病都是围坐在病床边上的吗？
2. 聚焦发现，分享讨论：小烁今天搭建的车道和之前的相比有什么不一样？组织幼儿分享不同的车道布局方式。
3. 捕捉进步，激发搭建热情：肯定小远今天的进步，让较为内向的他感受到搭建的快乐，乐于拼搭。
二、下一次游戏推进
1. 游戏条件准备。
建构室里的材料。
2. 游戏经验准备。
事先观看医院的照片，了解医院里除了病房还有什么。
3. 游戏指导。
(1) 游戏指导过程。
①了解幼儿的建构意愿：今天你想搭什么？你想自己搭还是和谁一起搭？怎么搭？
②幼儿按意愿选择积木、场地、同伴进行搭建。
③及时关注幼儿的拼搭情况，适时推进。
④集中展示，组织欣赏。
⑤请小建筑师上台介绍、分享。</td></tr>
</table>

续表

	（2）游戏观察重点。 ①在搭建建构物的过程中表征能力的发展。 ②在搭建过程中是否碰到问题，如何解决问题。

第十八周：游戏“家、医院、车道等” 时间：2023 年 6 月 6 日上午

游戏观察	大部分幼儿仍保持较为稳定的建构主题，且在搭建前都很明确所要搭建的内容与一起搭建的伙伴，如小泽、晓伟搭船，陈陈、乖乖等女生搭建医院，文文、小宇搭恐龙，小烁、乂桑、恩恩搭建车道，还有朱毅、胡晖等搭建各式建筑。泽妍一开始说要搭房子，后来边搭边想出了新主题——高塔；东东一开始要自己搭，后来改和小泽、晓伟搭建船。 医院组：恬恬和乖乖两组女生分别搭建了医院，采纳上次游戏分享时同伴的建议，先拼医院的大门和围墙，并选用木板单片横立围合方式进行搭建。因立面过窄围墙会倒塌，乖乖选用在围墙内侧加摆一块泡沫砖的方式进行加固；恬恬和徐可放弃木板改选纸砖建门，架高后叠放多个纸砖，说是“压住它比较不会倒”。  幼儿在围墙内侧加摆泡沫加固  幼儿用纸砖建门 船组：小泽、晓伟、东东选用泡沫积塑搭建“运载快递的船”，但是只用平铺的方式做底座，用空心砖压住底座边缘做船的边沿。教师“不小心”碰到底座导致底座散开，试图帮助他们关注连接问题，可这几个孩子觉得没关系，继续搬运用纸砖充当的“快递”。见他们如此享受搬运过程，教师并未强行要求整改。在最后进行全班分享时，同伴们给出意见：一碰就乱了，不牢固！这样的船不敢坐！小泽他们才接受了牢固性不足的问题，并表示下次要建一艘碰了不会倒的船。

续表

<table>
<tr><td>游戏分析</td><td>1. 大部分幼儿仍保持较为稳定的建构主题，且在搭建前都很明确所要搭建的内容与一起搭建的伙伴，但是个别幼儿计划意识相对不足，边搭边想。
2. 恬恬和乖乖的围墙加固方式反映出她们知道用从上侧加重和侧面顶住的方式能帮助立面稳固。
3. 小泽组的游戏过程再次折射出一个道理——教师在建构游戏中发现的问题，游戏中的孩子未必能够察觉。当他们暂时未察觉问题时，教师不妨先顺应他们的游戏兴趣，在游戏后或者与同伴的交流中，他们或许就会逐渐萌发问题意识和改进的愿望。</td></tr>
<tr><td>游戏推进</td><td>一、游戏后支持
1. 借助角色扮演游戏，丰富拓展医院建构游戏的内容：医院里病房的大小合适吗？病人能躺进去吗？医生的办公桌这么设计用起来舒服吗？
2. 聚焦材料，分享讨论：纸砖、空心砖、木板有何不同特征？如果要用于做围墙，哪种材料更合适？
3. 针对轮船，互提看法：小泽他们建的船，你们觉得怎样？它的外形像船么？你们有什么改进建议？
二、下一次游戏推进
1. 游戏条件准备。
建构室里的材料。
2. 游戏经验准备。
事先观看医院病房、船的照片，丰富相关经验。
3. 游戏指导。
(1) 游戏指导过程。
①了解幼儿的建构意愿：今天你想建什么？用什么材料？怎么搭？
②幼儿按意愿选择积木、场地、同伴进行搭建。
③及时关注幼儿的拼搭情况，适时推进。
④集中展示，组织欣赏。
⑤请小建筑师上台介绍、分享。
(2) 游戏观察重点。
①各组围墙材料的选用及建构方式，对船的外形特征是否有表征。
②在搭建过程中是否碰到问题，如何解决问题。</td></tr>
</table>

第十九周：游戏“家、医院、车道等” 时间：2023 年 6 月 13 日下午

<table>
<tr>
<td>游戏观察</td>
<td>
幼儿近期的建构主题和建构伙伴较为稳定，教师放手后，幼儿直接就和自己的伙伴一起着手搭建。今天因有其他班级把泡沫积塑取走使用，所以建构室里的泡沫积塑剩下不多，小泽他们就没有拼搭船，而是改去拼搭车道。

在上周针对围墙材料进行对比观察后，今天医院组的两组幼儿都直接选用了空心砖围合并垒高作为围墙。乖乖指挥她这组的同伴去搬空心砖，她和恬恬主要负责摆放。她们先利用空心砖围出了一个大空间，恬恬无意中围出了一个“L”形的小区域，她们说这块区域是病房，还在角落围出一个厕所，最后才搭建大门。格局定下后，她们有的搭病床，有的搭医生的桌子，一开始用空心砖横放做桌子的支柱，羽儿试坐后说：“桌子太矮了，不行不行!”安安回应：“那我们把它搭高一点吧，可以吗?”然后羽儿就将一块当支柱的空心砖由横放改为窄边立放，安安学羽儿的方法更换了另一头的空心砖的摆放方式后，两个人坐下又试了试：“刚刚好，哈哈!”洛洛组的医院只有一个大的围合空间，但是这个空间比起之前的也大了不少。

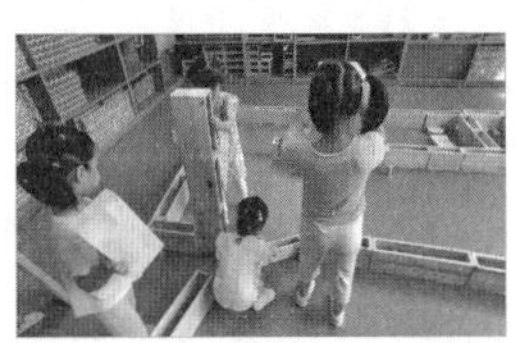  
乖乖组搭建的医院

幼儿拼摆的鱼

小宇和文文近期热衷于用竖立四倍块积木的方式在地面拼摆出各种形状。今天文文拼摆了“四角星”，而小宇拼摆出一条鱼的姿态，三边围合成鱼头，另拼一三角形作为鱼身。拼成后小宇主动拉老师去看并介绍：“这是一条三角鱼。鱼头是个小小的三角形，身体是个大的三角形……”
</td>
</tr>
</table>

续表

<table>
<tr><td>游戏分析</td><td>1. 医院的空间布局有了质的飞跃，经历了小范围围合空间—容纳自身与同伴的围合空间—围合空间里又划分出多个小空间的发展阶段。小空间的划分是幼儿无意间拼摆的结果，如何引导其从无意识划分发展为有意识划分就需要教师的及时指导。
2. 从本次搭建过程可见，乖乖、恬恬、羽儿、安安四个幼儿已开始初步的合作。乖乖在搭建过程中是个“领导者”，能大胆地提出自己的想法，并指挥同伴去做，如指挥同伴去搬空心砖；恬恬也有自己的搭建想法，但当乖乖觉得她围合的空间太小时，她乐意接受意见并积极配合搭建；羽儿在乖乖在场时属于从属角色，愿意配合乖乖进行搭建，但当乖乖不在场时羽儿也能积极发表自己的看法，通过边试用边调整的方式进行医生办公桌椅高度的调整；安安目前较多时候属于“服从者”角色，在其他三个女生的安排下愉快地搬运和模仿搭建。
3. 小宇和文文把积木当作线条在地面上“摆画”图案，这并非传统意义上的建构，可以暂时满足幼儿的兴趣，有待后续观察。另外小宇对三角形的特征较为了解并能自行围合出该形状。</td></tr>
<tr><td>游戏推进</td><td>一、游戏后支持
1. 针对医院，互提看法：如果生病了，你更想去哪个医院？为什么？对于这个医院你有什么建议？
2. 讨论：乖乖组是怎样在一个大大的医院中围出两个房间的呢？聚焦空间的划分方式，推动无意识行为转变为有意识行为。
3. 保留作品，明天二次建构后给予一段较充足的角色游戏时间，满足幼儿扮演的愿望。
二、下一次游戏推进
1. 游戏条件准备。
与原定第二天使用建构室的班级进行协商，保证游戏场地的使用。
2. 游戏经验准备。
提供医院、车道的俯瞰照片，丰富幼儿的相关经验。
3. 游戏指导。
（1）游戏指导过程。</td></tr>
</table>

续表

	①了解幼儿的建构意愿：今天你想怎么继续？用什么材料？怎么搭？ ②幼儿按自己的意愿进行二次搭建。 ③及时关注幼儿的拼搭情况，适时推进。 ④集中展示，请小建筑师上台介绍、分享。 ⑤给予一段角色游戏时间。 ⑥组织收玩具。 （2）游戏观察重点。 ①各组的空间布局以及是否体现细节表征。 ②在搭建过程中是否碰到问题，如何解决问题。

第十九周：游戏“家、医院、车道等” 时间：2023 年 6 月 14 日下午

游戏观察	经过昨天的分享与交流，洛洛这组幼儿决定对医院的布局进行优化：“我们要把医院的围墙建起来。”她们搬来空心积木对原有围墙与大门之间的空隙进行填补围合。晨晨搬来一堆单元积木，将它们想象为药瓶、血压计、体温计等，当搭建病房与办公区的围墙时，幼儿们发现这堆积木占用了空间，教师适时提问：“在搭建还没完成前先拿来这些小积木你们觉得合适吗?”启发幼儿聚焦到材料搬运的先后顺序上。晨晨立即发现要先搭围墙再搬小积木，“不然围墙会没地方摆”。在优化完医院的布局后，四个女生又把单元积木四散堆叠在“办公桌”上，教师启发她们去看看另一个医院的药瓶摆放方式，回来后陈陈和洛洛利用四倍块积木和空心砖垒高搭建药柜，并在摆药时自发按 ABAB 的规律进行排列。王园长巡班时加入到孩子们的游戏中，几个“医生”轮流出手为这个“大病人”诊治，利用建构出的游戏场地玩起了医院游戏；几个男生拿着玩具车在车道上来回“开车”；搭建好“家”“学校”的孩子陆续参与到医院和开车游戏中。   幼儿在建构好的医院中与王园长一起开展游戏

续表

	收玩具时幼儿的效率明显高了很多，体现在：1. 能按照从上到下的顺序收玩具，而不是将建构物推倒，导致建构材料散落一地。2. 大部分幼儿能想方设法一次多个地搬运和整理。3. 在鼓励和比赛机制下，不收玩具的幼儿明显减少。
游戏分析	1. 我班幼儿近段自发选择的建构主题较为稳定，医院、家、车道是大部分幼儿的选择，且合作同伴也较为固定。 2. 幼儿对建构室里各项材料的特征逐渐熟悉，能根据自己的建构需要较有计划地进行选择。 3. 我班幼儿拼搭专注力越来越强，体现在基本能在教师不介入的情况下保持 25 分钟以上的专注建构。 4. 我班幼儿建构技能有明显增强，不仅平铺、延长、架空技能的掌握越来越熟练，而且对接触面的平齐度等细节越来越关注，有部分幼儿还能运用对称排列方法。 5. 幼儿出现了初步的合作行为，逐渐出现领导者和服从者角色，能自发地针对建构主题、建构方式、材料选择进行讨论，并出现合作搬运行为。 6. 幼儿收拾玩具的经验日益丰富，完成整理的时间越来越短，初步知道一次性多搬运几块积木或积塑能加快整理速度，并能动脑筋想出多样搬运方法，搬运时大肌肉动作得以发展。 7. 幼儿喜欢运用建构成果进行角色游戏，这符合他们喜欢并需要象征性游戏的年龄特征，也体现出二次游戏的重要性——二次游戏能够保证他们在搭建后有完善建构成品及利用成品进行角色游戏的时间。搭建游戏的内容越丰富，幼儿追求建构作品精细化、复杂化的表现会越明显，这正印证了“一个儿童玩建构游戏的时间与其作品的成熟度成正比”。
游戏推进	游戏后支持： 1. 回放游戏视频，让幼儿感受搭建成功的乐趣。 2. 请晨晨组分享游戏时遇到的问题及她们的解决方法，梳理搭建的先后顺序。 3. 及时肯定幼儿在收玩具方面的进步。

附件二：基于主题活动的自主性游戏计划（中班）[1]

（一）第一次游戏计划

1. 游戏观察。

在主题活动正式开展前，为了对幼儿进行主题相关经验及兴趣的摸底调查，教师抛给幼儿这样一个问题：你们想玩哪些跟厦门有关的游戏呢？幼儿的主意像火花一样蹦了出来：有人说要在活动室里做一个大大的郑成功雕像，让人们一看就知道到了鼓浪屿；有人说长长的走廊像路，可以布置成环岛路，在环岛路上玩骑自行车、跑步的游戏；还有人想玩搭乘厦门航空飞机的游戏。

2. 游戏分析。

经过脑力激荡，可以看出幼儿关于厦门的经验仅仅停留在厦门最为著名、幼儿经常去玩耍的景点上，而对厦门特有的博饼民俗、风味小吃、市鸟市花等方面的认知却是少之又少的。根据《指南》，接下来的活动可以有目的地朝着预设目标——“了解家乡的主要景区、文化、特色小吃”的方向做进一步的探究。

3. 游戏推进。

（1）为了更好地对幼儿的前期经验进行摸底，了解幼儿的兴趣点，教师在脑力激荡的基础上，还要运用解读表征、谈话等多种形式来了解幼儿的已有经验。

（2）根据幼儿感兴趣的环岛路、鼓浪屿、飞机这三个主题将全班分为三个小组，让幼儿自主报名进行深入的探究，从而获得发展。

（二）第二次游戏计划

1. 游戏观察。

经过上次的谈话活动，教师和幼儿一起讨论出要在班级各个区域创设环岛路、鼓浪屿、飞机等主题情景。幼儿根据自己的兴趣点自愿报名参加其中一组。

2. 游戏分析。

---

① 游戏示例来源于厦门市实验幼儿园梁薇。

这是幼儿第一次尝试以小组为单位进行的游戏。从报名情况可以看出，幼儿从小班时期的从众变得更有自己的想法，他们受到自身性格、外在环境、家庭因素等方面的影响显现出了兴趣的偏好。例如：岳岳的父母都在厦门航空工作，因此他对飞机有着浓厚的兴趣；小宝最喜欢去环岛路挖沙，他报名了环岛路组；罗玥的奶奶家就在鼓浪屿，她对鼓浪屿再熟悉不过，因此她报名了鼓浪屿组。

3. 游戏推进。

（1）艺术活动：每位幼儿画自己的形象，并将其剪贴到各个分组表中。

（2）为每个小组都准备一本工作日志，请该组幼儿将小组的活动一一记录下来。

（三）第三次游戏计划

1. 游戏观察。

幼儿自发提出的活动让幼儿对主题游戏更为积极、投入。游戏中，幼儿不仅仅创设了环境，更在此过程中进一步地了解了厦门的景点：它们有哪些主要特色，它们是怎么来的，为什么叫这个名字，有什么历史故事等。与此同时也进一步激发了幼儿对家乡的热爱。

以鼓浪屿组活动为例，该组幼儿经过小组开会，讨论出了要在活动室最显眼的地方创设一个郑成功雕像，让大家一看就知道来到了鼓浪屿。但他们对郑成功是谁，他与厦门有什么关系，什么是雕像，怎么做雕像才像郑成功等问题都一无所知。带着浓厚的探究兴趣，有的幼儿和爸爸妈妈一起到鼓浪屿近距离地观察郑成功雕像，有的和爸爸妈妈一起上网搜集郑成功的相关信息。

在接下来的小组活动中，幼儿分享着自己搜集到的信息，商讨怎么创设雕像、需要收集哪些材料、如何分工合作……经过幼儿的不断努力，一座郑成功雕像矗立在了活动室中央。

2. 游戏分析。

在游戏中，幼儿不仅因为亲子活动、同伴交流分享等活动对厦门有了更深的认识，而且在科学、社会方面也取得了显著的发展。幼儿通过观察、比较、操作等方法和同伴一起动手动脑，探索材料并乐在其中；遇到困难不是轻易放弃，而是和同伴互相讨论共同解决；问题的顺利解决又让幼儿更有自信，更加敢于尝试有一定难度的任务。这种良性的循环促使幼儿表现得越来越自信、自主。

3. 游戏推进。

讨论：环境布置好了，我们玩些什么游戏呢?

（四）第四次游戏计划

1. 游戏观察。

环岛路组的幼儿开始搜集环岛路的各种信息和资料，并找来合适的材料，测量、铺地垫、做铜像布置“环岛路”。游戏中，幼儿自然地提出要在他们自己创设的环岛路上玩散步、和铜像拍照的游戏。但很快，他们又想出了新的游戏——在环岛路上骑自行车。自行车要到哪里去借呢？徐琬昕小朋友提出：“幼儿园的玩具都是园长妈妈管的，我们去向园长妈妈借自行车吧。”于是，班级派出了两位代表到园长的办公室，成功向园长借到了自行车。在环岛路上骑自行车的游戏，就这样顺利开始了。

在游戏分享时，苏泽熙小朋友提出“我们可以在环岛路上玩马拉松的游戏，我参加过小朋友的马拉松”，这个提议激发了幼儿对马拉松的兴趣，“我在电视上看过厦门马拉松”“我去给运动员们加油过”……看幼儿兴趣高涨，教师在第二天就生成了关于马拉松的课程，还找来了厦门马拉松的视频让幼儿观看。通过学习他们知道了马拉松有起点、终点、折返点，起点需要一个发令的裁判。“如果你们想玩马拉松游戏需要准备什么材料呢?”“我家有机动车禁止通行的标志，我明天带来。”“我回家做奖牌。”“我来做运动员号码牌。”“我家里有玩具枪，可以当发令枪。”……

2. 游戏分析。

苏泽熙小朋友在小班的时候参加过儿童组的马拉松比赛，亲身体验让他对马拉松比赛印象深刻。厦门一年一度的马拉松盛会在社会上营造了浓郁的文化氛围，因此其他幼儿对苏泽熙的提议才会有如此强烈的共鸣，苏泽熙一个人的兴趣自然而然地变成了全班幼儿的兴趣。幼儿能将生活中看到的、听

到的、玩过的事情与班级的环境巧妙结合，是幼儿将生活经验迁移到游戏中的大胆表现。

当然教师不是一味地被幼儿的兴趣牵着鼻子走，当幼儿提出他们想要玩的游戏时，教师应思考：这样的游戏对幼儿的发展有意义吗？适合中班幼儿的年龄特点吗？符合《指南》的理念吗？……教师也要对游戏的价值进行判断、取舍。

在《指南》社会领域的要求中，中班幼儿只要能做到“感受规则的意义，并能基本遵守规则”，而在马拉松游戏中，幼儿已经开始意识到了没有规则会导致混乱，尝试一起讨论、制订规则，俨然有了大班幼儿“理解规则的意义，能与同伴协商制定游戏和活动规则”的初步表现。这种看似不符合中班年龄特点的游戏要继续开展下去吗？《指南》的发展目标契合幼儿的平均水平，它是一个参照物而不是统一的标准。当班级大部分幼儿的社会性水平已经超越中班有了大班阶段的萌芽，并有可能随着他们喜欢的游戏不断发展时，不应贸然截断幼儿发展的可能。正如叶圣陶先生说过的“教育是农业，不是工业”，每个幼儿的成长如同不同植物的生长，因地域、气候以及自身条件的不同，而出现千姿百态。个别幼儿间的差异都尚且如此，更何况是全国幼儿发展水平的差异。当班级大部分幼儿社会性发展较快，开始“理解规则的意义”“尝试一起讨论、制定规则”时，那些社会性仍处于中班阶段的幼儿也正在“感受规则的意义，并能基本遵守规则”，这两者并不冲突，反而是以强带弱的。

3. 游戏推进。

（1）观看马拉松比赛视频。

（2）讨论：要准备哪些游戏材料？

（此处省略部分示例）

（五）游戏后的整体反思

幼儿在这一课程中不断地经历着“提出问题－游戏尝试体验－解决问题”的过程。教师也在过程中体验着给幼儿提供适宜的支持后，幼儿获得主动发展而带来的成就感，师幼共同创造着幼儿园的精彩生活。

家长也感受到了孩子的变化，常常兴奋地分享孩子的进步。如黄诚谦的妈妈说："近来，宝宝和小朋友玩时，会要求在同一起跑线上，喊'预备……跑!'；吃饭时，会说他第一个吃完拿金牌，奶奶第二拿银牌，爸爸第三拿铜牌；搭积木时，说搭的是领奖台；吃馅饼时会很骄傲地告诉大家这是厦门特产；在轮渡看到对面海上的郑成功雕像，会兴奋地要求和雕像合影；会很骄傲地说我们环岛路组的小朋友，带来了好大的雕像模型；会开心地说哪个小朋友带来了漂亮的奖杯……最让我们惊喜的是，他对失败的认识和承受有了突破。以前和人比赛吃饭，玩游戏，或者争东西，如果没有赢，就会唰唰地掉眼泪，情绪沮丧低落，而且很难再叫他参加曾经输过的活动。我们安慰他，给他讲道理，和他一起看情商方面的绘本，都没能改变。但是这次活动改变了他，他快乐地告诉我，角色游戏时他去跑马拉松了，第一次是第二名，第二次是第一名，第三次又是第二名。我发现他第一次没有赢，还能继续跑，说喜欢。我赶紧趁势和他说，跑马拉松时，你有第一也有第二，那我们做别的事情也一样，我们只是要努力做第一名，不需要每一次都是第一名。最近他再玩'剪刀、石头、布'，输了也不会生气不玩了。"

在一个系列的游戏中，幼儿不仅实现了预设的教育目标，还实现了《指南》中"愿意与人交往""具有自尊、自信、自主的表现""喜欢并适应群体生活""具有初步的归属感""喜欢探究""具有初步的探究能力"等发展目标。

第六章　教研工作质量

第一节　厦门市幼儿园教研工作质量监控指标

<table>
<tr><th colspan="2">项目</th><th>考察要点</th><th>信息采集</th></tr>
<tr><td rowspan="4">队伍建设</td><td>组织机构</td><td>教研机构健全，专人负责，积极开展各项教研活动，形成上下联动且各有侧重的层级教研网络。</td><td>查阅文档，了解机构设置情况</td></tr>
<tr><td rowspan="2">教研队伍</td><td>各级教研负责人具有较丰富的保教工作经验和较强保教工作能力，能针对教师的不同发展需求采取不同措施进行引领，有效促进教师专业成长。</td><td rowspan="2">实地观察，教师访谈</td></tr>
<tr><td>教师具有良好的职业道德、正确的幼儿教育理念，掌握系统的专业知识和能力，主动追求专业成长，积极参加各类研训活动。</td></tr>
<tr><td>教研风气</td><td>营造民主、开放、平等、合作与创新的教研氛围，发挥教师的积极性、主动性和创造性。</td><td>查阅资料，观摩现场</td></tr>
<tr><td rowspan="4">教研管理</td><td rowspan="2">制度、常规</td><td>规章制度健全，符合本园实际，能保障教研活动有效开展，形成良好的教研常规。</td><td rowspan="4">查阅文档（教研计划、教研记录、教研评价等）</td></tr>
<tr><td>建立激励机制，搭建多形式互动交流平台，开展多维表彰，激发教师参与教科研训工作的积极性。</td></tr>
<tr><td rowspan="2">计划、总结</td><td>依据幼儿园园务计划及教师专业发展需要制订园本教研计划，目标明确，理念先进，逻辑清晰，措施可行，有助于幼儿、教师和幼儿园发展。</td></tr>
<tr><td>定期总结并反思教研工作情况，注重梳理、提升有益经验，不断提高教研工作实效。</td></tr>
</table>

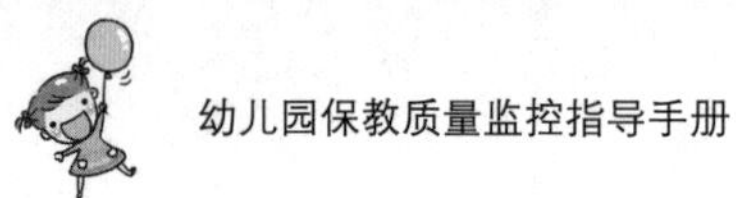

续表

项目		考察要点	信息采集
教研管理	检查、指导	常规检查和专题检查相结合，发现问题及时研讨解决，发现典型经验适时推广。	查阅资料
	教研实效	形成务实、钻研、开放的园本教研文化，有效解决保教工作的“真问题”，有助于提高园本课程适宜性，有助于教师专业成长。	
		及时梳理教研成果，总结经验，注重凝练和传承优秀的园本教研经验。	
园本研训	研训活动	根据教师专业发展需求及园本保教工作实际问题，开展分层研训，支持教师自主学习。	查阅文档（研训资料库、各类课题研究），实地察看（随班观看师幼互动）
		定期开展园本研训活动，研训目的明确，形式多样，内容多元，有成效，注重研以致用，根据落实情况及时反思、调整与推进。	
		积极参加片区、区、市组织的各类研训活动。	
	专题（课题）研究	结合本园实际，积极开展教改实验和专题（课题）研究，有计划、总结及过程性材料，有成效。	
		积极开展基于班级幼儿发展与课程实际需要的行动研究，及时总结经验，推广研究成果。	
示范辐射	承担活动	积极承担片区、区、市级及以上教育部门组织的各类研讨活动。	查阅文档（承担各类型公开观摩活动的资料）
	帮扶结对	积极帮扶民办园、农村园或薄弱园，形式多样，有成效。	查阅文档（幼儿园帮扶相关制度、工作计划、方案、总结等）

第二节　厦门市幼儿园教研工作质量监控指标说明文本

教研，即教育、教学研究。幼儿园教研工作的开展，应立足园本实际，以教师为研究主体，以研究幼儿园保教工作中的实际问题为出发点，通过同伴互动、专业引领、实践反思等途径，促进教师专业发展和幼儿园保教质量的提高。幼儿园应通过园本教研，引导每位教师将“了解幼儿”作为专业素质的基本，将“与幼儿有效互动”作为专业素质的核心，将“教育、教学研究”作为专业素质的主要内容，将“终身学习”作为自身专业发展和自我人生发展的途径，并由此推进幼儿园向着学习型组织的方向发展，推进幼儿园的文化建设。

一、队伍建设

（一）组织机构

健全的幼儿园教研机构一般设三级教研管理网络，即幼儿园园级教研组、年段教研组和班级教研组，有课题研究的可增设相关教研组。规模较小的幼儿园、教学点可根据本园实际建立教研组，或与其他幼儿园开展联合教研活动。各教研组需做到专人负责，定期开展各项教研活动，形成上下配合、积极联动的层级教研网络。

1. 园级教研。

园级教研既不是个别教师的研究，也不是幼儿园骨干教师的研究，而应该是幼儿园全体教师参与的研究。作为教研活动主体的教师，处于不同年龄段，能力水平也有所不同，这就要求园级教研活动应基于本园教师的能力水平和发展需求，确立研讨主题，通过各种形式把每一位教师都纳入其中，共同研讨，达成共识。

2. 年段教研。

年段教研可以针对执教年龄段幼儿的活动与发展开展保教工作的实践研

讨，也可以围绕近阶段园级教研的内容开展，年段教研之间应既有联系又各有侧重。

3. 班级教研。

班级教研可以在园级、年段教研的框架下，依据班级幼儿情况进行细化研究，也可以针对本周本班幼儿生活学习表现、存在问题、兴趣点或讨论热点及个别教育等情况进行交流、分析、研讨。三名保教人员经过思维的碰撞讨论出下周班级各方面工作的重点与策略，为下周周计划的制订提供依据。

（二）教研队伍

各园要建立完善的教研队伍，教研人员应具有良好的职业道德、正确的幼儿教育理念，掌握系统的专业知识和能力，主动追求专业成长，积极参加各类研训活动。各级教研组设组长1名，各组组员人数则根据实际需要确定。

园级教研组长或专题教研组长应具备扎实的专业能力，原则上应具备5年以上教学经验、区级以上骨干教师的资历，工作认真负责、团结向上，是教学改革的带头人。年段教研组长一般由教学经验较丰富的骨干教师担任。班级教研组长由班主任担任。

园级教研组长需负责教研组各项工作的计划与落实，负责教研活动的开展。各教研组在教研组长的带领下开展工作，并接受园级教研组长的业务指导和检查，以保证教研活动质量。

各级教研组长需不断研究教育思想和教育内容，明确教育目标，改进教育活动组织方式，提高教育方法和手段，完善教育活动评价等，探索教改新路，总结、交流、推广教育活动经验，努力提高教育活动质量。教师要掌握幼教基本理论，具备教育教学基本功，能胜任本职工作，重视并积极参与教研活动，不断进行自我反思和行动研究。

（三）教研风气

幼儿园要营造民主、开放、平等、合作与创新的教研氛围，鼓励教师积极参与教研活动，做到不迟到、不早退、无特殊情况不请假。教研组长负责教研活动的开展，园长、各级教研组长、教师均有机会主持教研活动。活动的主持人、记录者、资料整理者应是动态的，人人有机会担当。

营造和谐的教研风气应注意：

1. 避免教研活动的选题只由领导个人决定。教研活动是解决教师实践问题、改进幼儿园保教工作的重要手段，是教师专业发展的一种内在需要。教研内容的选题应是大家普遍面临、需要解决的“真问题”，而不是简单的行政命令与任务安排，教师从自己的实际工作中寻找问题、提出困惑，这样才能真正引起教师们的内在兴趣，才有驱动研究的内在动力。

2. 避免教研活动过程中权威人士的“一言堂”。教研负责人要以“平等者中的首席”身份参与教研活动过程中的研讨与分析，要经常强调、鼓励参研人员百家争鸣，不强求观点和做法的一致性。

3. 坚持研讨交流过程中的不批评原则。研讨交流中，若教师的看法不合常理，不批评其观点和主张，更不宜对持不同意见者进行人身攻击，应心平气和地分享他人的观点和智慧。

二、教研管理

（一）制度、常规

1. 健全规章制度。

幼儿园应重视园本教研制度的建设，通过立足园本教研，解决幼儿园保教工作中的实际问题，引领教师将终身学习作为自身专业发展和自我素质提升的重要途径。

幼儿园应依据园本实际情况，制定并执行幼儿园教研工作规章制度。制度内容应包含教研活动的管理、指导、交流、检查、服务和激励机制，体现备课、听课评课、业务学习、观摩研讨、带教、辐射等方面的要求，可在幼儿园教研规章制度下细化具体的研修活动、跟班带教、集体备课、听课评课、教学成果总结交流、教研资料管理、信息共享管理等若干制度。

各级教研活动要有相对固定的研讨时间，园级或课题教研活动每月至少一次，年段教研活动两周至少一次，班级教研活动每周一次，各教研组要提前确定研修活动的时间与内容，做好教研活动前的准备、教研活动中的记录和教研活动后的反思与成果运用，注重教研活动过程性资料的整理。

各级教研组要规范教研活动过程性材料的收集与整理。活动材料一般包括以下内容：教研活动计划和总结、各级教研活动记录、园本培训资料（含视频录像）、教师外出学习的照片和二次培训的记录、教育教学检查记录表及教研成果性资料（实践课例、专题总结、论文和教师个人成长档案、课题相关材料）等。

2. 建立激励机制。

幼儿园教科研工作是一项长期艰巨的任务，需要教师坚持不懈地探索研究，才能使幼儿园的教科研工作常态化、制度化。因此，园领导应高度重视教师的教科研工作，及时肯定教师的劳动价值，建立多种激励机制，激发教师参与教科研工作的积极性、主动性。具体操作如下：

（1）搭建成果交流展示平台。园领导应在每学年末，及时对本园教师在教科研开展过程中取得的阶段成果进行归类汇编，如活动设计、教学实录、研究案例、经验总结、研究报告、论文等方面的汇编，以激发教师的成就感，同时也为教师评定职称提供依据。

（2）多角度表彰。园领导应注意观察了解参与教科研的全体教师，对教师的工作情况做到心中有数，为表彰教师掌握第一手材料。可依据教师在教科研过程中的不同分工，进行分层次、多角度的表彰。如设置教科研工作组织奖、指导奖、具体实施奖、优秀论文奖等，对所有参与教科研活动的教师所付出的劳动给予肯定。在评价、评比中应充分体现民主、平等，采取自评与他评相结合的方法，真正做到公平、公正，使受到表彰的教师更加珍惜来之不易的荣誉，未得到表彰的教师也受到鞭策。建议将表彰与期末绩效考评挂钩，对贡献大的教师给予肯定和鼓励。

（二）计划、总结

依据《纲要》《指南》精神和市、区教研重点，结合本园实际和幼儿发展需要，立足解决当前保教工作中存在的共性或突出问题，制订目标明确、内容完整、措施可行的教研计划，撰写能梳理和提升有益经验的教研总结，不断反思教育成效。计划与总结在内容上应体现内在一致性、持续性、延续性和递进性。每学期由园级教研组长制订本学期幼儿园教研工作计划，各级教研组长制订本组教研计划，每位教师根据本班幼儿特点和实际水平制订班级计划或个人研究专题，并积极开展教育实践。做到学年初有计划，学年末有论文、经验总结或研究案例。

1. 计划。

园教研工作计划：园教研计划是教研管理者立足本园教育教学工作实际，以学年或学期为单位，为落实园本课程方案，解决本园保教工作中的共性问题，促进幼儿园保教质量的提升和教师的专业成长而制订的。园教研工作计划、总结可以单独撰写，也可以合并至保教工作计划、总结中撰写。

园教研计划格式示例：

> ________幼儿园________学年度第____学期教研工作计划
>
> 一、情况分析
>
> 二、指导思想
>
> 三、工作重点（园本教研、课程建设、课题或专题研究、师资培训、示范辐射等）
>
> 四、具体措施
>
> 五、月份安排

幼儿园保教工作计划（含教研计划）格式示例：

> ________幼儿园________学年度第____学期保教工作计划
>
> 一、情况分析
>
> 二、工作重点（教研、培训、课程建设、课题研究、家长工作等）
>
> 三、具体措施
>
> 四、月份安排

年段教研工作计划：以学期为单位，根据本年龄段幼儿发展特点和本园工作计划（园务计划、教研计划等）的要求制订。具体可以包含以下内容：本年龄段幼儿发展特点及现状分析、主要任务及措施（围绕保教工作常规、教研专题、家长工作等方面）和月份工作安排。

班级教研工作计划：以一学期为计划阶段，依据本班基本情况、幼儿园及年段工作计划、园课程方案等，对班级的主要工作目标或任务、具体措施等进行预设。具体可以包含以下内容：班级情况分析（本班幼儿发展特点及现状、师资、家长资源、班级环境等方面）、班级工作（班级管理、教育教学工作、保育工作、家长工作等）目标任务及实施方法途径和月份工作安排等。

专题（课题）计划：以学年或学期为单位，可单列，也可与园教研工作计划相整合，根据研究阶段需求，制订具体的实施步骤及需完成的阶段目标等。

培训计划：以学年或学期为单位，可单列，也可与园教研工作计划相整合，并根据实际开展情况适当调整。若单列，可包含以下内容：培训目标、培训内容、培训形式（专题讲座、专题学习、主题研讨、现场观摩、反思交流等）及参加对象、月份安排等。

2. 总结。

幼儿园的教研工作总结是对教研计划落实过程的梳理提炼，是根据实际的教育行动进行基于“问题解决”的教育反思。教研工作总结应以教研实际工作为依据，从园本研训实施情况、课程建设、课题或专题研究、示范辐射等方面进行总结，它应能提炼经验、发现问题、找出对策，为新的工作计划制订提供参考依据。

教研总结要关注教师的专业成长与幼儿的全面发展，切忌泛泛而谈，抓不准主要工作，更不能与个人工作总结混为一谈，应遵循“计划—实践—总结—再计划—再实践—再总结”的循环往复、螺旋上升的过程。总结应以提炼为主，切忌记流水账。可包含以下内容：本学期教研工作完成情况、取得的主要成效、存在的问题、根据问题所提出的改进思路等。

（三）检查、指导

幼儿园应立足日常保教工作开展常规检查和专项检查，在检查中能发现问题及时组织教研，也能发现典型经验进行适时推广。常规检查可采取日常检查、随机抽查结合的形式进行。专项检查可针对近阶段工作中某方面的问题进行检查，这样可以收集到比较系统的资料。

1. 常规检查。

(1) 建立保教常规日常检查制度。教研负责人应每天下班巡查，了解全园保教人员组织管理班级和幼儿的活动情况，及时指导教师解决日常保教工作中遇到的问题。检查情况要做简要记录（检查记录表可参考本章附件一），检查记录简明扼要、不宜长篇大论，便于后续诊断、回访，发现典型经验，及时梳理总结并结合教研活动推广。

(2) 建立周、逐日计划指导制度。各级教研负责人对教师提前预设的周、逐日计划进行审阅，提出指导或改进意见；追踪教师执行周计划的过程，了解班级课程实施情况，关注教师对幼儿的观察分析、对教育教学的反思与调整，适时给予适宜的指导建议。

2. 随机抽查：分管负责人要对所管理的工作进行随机抽查并及时指导。

3. 专项检查：会同园行政班子，根据近阶段幼儿园保教工作重点，不定期开展专项检查指导工作。

（四）教研实效

幼儿园的教研活动要根据《幼儿园工作规程》《纲要》《指南》等的精神及本园的实际选择教研专题，有目的、有计划地开展活动。本着“普遍问题集体研讨、重点问题小组研讨、个别问题及时研讨”的原则，有效组织教研活动，努力提高教师的理论水平和教研能力。

1. 形成教研文化。

有效的教研活动应具备以下特征：准备充分、参与面广、聚焦问题、有效思辨、结论明确和研以致用。无论是园级教研、年段教研还是班级教研活动，其目标应明确清晰，探讨的问题应来自于幼儿园实际工作中的“真问题”。

每学期研讨的内容应有所侧重，注意各级教研活动之间的关联性和延续性。年段教研活动应围绕园级教研活动提出的要求和该年段存在的共性问题开展研讨，解决年段工作存在的问题；班级教研活动则围绕年段教研活动提出的要求和班级存在的主要问题进行研讨，解决本班工作的实际问题。

要重视研以致用。研讨的内容从教育活动中来，研讨之后再将其运用到教育活动中去，这个过程是呈螺旋式循环上升的。教研后，教研组织者可以通过与教师交流、走班观察、参与年段教研或班级教研等方式，了解问题解决后续情况及教师的新问题、新需求，引导教师将先进的理念和做法转化为自身的专业能力，落实到实践中，并在实践中举一反三，推进幼儿园逐渐形成主动务实钻研的教研文化。

2. 梳理教研成果。

教研活动结束后要及时梳理教研成果，丰富研训资源库，这不仅能起到复习巩固的作用，还能发挥支持、引领的作用。教研成果一般包含游戏案例、活动设计、观察评价表、指导要点或者相关的策略方法等。

三、园本研训

（一）研训活动

幼儿园研训活动应围绕幼儿在活动中呈现出的发展需求和问题、教师在教育教学实践活动中遇到的具体困惑和事件展开研讨。从具体的教育教学方法和策略入手，搭建同伴互动与交流的平台，引导教师掌握解读幼儿、分析问题成因的方法，引领教师学习相应理论，研究适宜对策，从而促进教师反思和总结教育实践能力的提升，促进师幼共同成长。

1. 明确研训目的。

幼儿园的研训活动不应让教师仅学习教育理论，而应倡导教师关注不同特点、不同阶段的幼儿，关注自身专业发展，关注幼儿园园本文化建设等方面并进行实践思考。幼儿园应重视引领教师将教育实践问题与理论学习结合，从理论学习和他人经验中寻找解决问题的方法与策略，并运用于实践中；引导教师通过对自身教育实践问题的行动研究，提升自己的教育教学能力，培养自己的教学风格和实践智慧。

2. 遵循基本原则。

问题导向原则：教研问题应源于幼儿实际需求、保教工作中的真实问题；教研过程应立足于教育现场，真实有效解决问题；教研结果能运用于实际教育活动中。

实践性原则：教研活动应本着“实践—研究—再实践—再研究”的基本

原则，将研究贯穿于教学实践的始终，引导教师坚持在学习中研究，在研究中实践，在实践中领悟，在领悟中升华。

全面性原则：教师是研训活动的主力军，所有保教人员都应是研训的主体，都有属于自己的研讨任务，研训内容应涵盖幼儿园的所有保教工作。

互动性原则：通过搭建平台引导教师之间、教师与保育员之间围绕保教工作的实际问题共同研讨，达成有效共识，解决实际问题。

计划性原则：有计划的教研活动能减少盲目性和随意性，能循序渐进地研究和解决本园保教工作存在的问题，经常检查计划的实施情况，能让计划落到实处，收到实效。

3. 研训活动实施步骤。

组织教研活动如同开展一次集体教学活动，需要经历选题、预案准备、活动实施、评价反思等阶段。因此教研组长要明确每一次教研活动的预期目标是什么，参与教师需要做哪些方面的准备，现场教研的实施步骤有哪些，以及预期达成哪些共识、形成哪些成果、如何落实研究成果等。同时教研组应考虑每次教研活动与前后教研活动的关系，以循序渐进的方式展开，确保整个教研活动有计划、有准备、有民主、有集中，高效解决教师困惑，教研质量得到不断提升。具体步骤如下：

（1）步骤一：活动准备。

幼儿园的研训活动是教师专业成长的主要途径之一，教师要认真对待并积极参与各级各类研训活动，每次研训要做好充足的准备。

①内容的选择。

研训内容的确定要遵循问题导向原则，研训内容一般来源于教师专业发展需求、保教工作实际问题、幼儿园课题研究需求等。教研组可以通过调查、观察、案例分析等，多主体、多渠道地收集、分析、归类问题，从而提炼出研训内容。

可以通过传统的问卷调查方式对教研问题进行收集，如设置问题墙、发放纸质的调查问卷，也可以利用网络平台。小问题随机讨论解决，共性的、难以解决的问题或涉及专业知识能力方面的问题可通过集体教研活动来解决。

值得注意的是，有些问题仅仅通过一次教研活动是无法解决的，需要开展一系列连续的专题教研活动来解决。

②参与人员的准备。

组织者（即教研组长或主持人）应提前收集教研活动的相关问题和研讨要点，了解教师已有的认知经验、困惑及需求，确定教研活动的内容和形式，并告知参与人员；要对研讨内容进行深入学习和思考，以便做好有效引领。

参与人员在研讨前要了解教研活动内容和形式，学习与本次教研问题相关的理论文章，做好知识储备；要收集与思考自己实践中的困惑和问题，积极在研讨中寻求帮助。

（2）步骤二：活动实施。

①形式多样。

各级教研组可根据实际需要开展多种形式的研训活动，如教育会诊式、现场研修式、互动参与式、团队拓展式、园际互动式、专业引领式等。教研应适合本园实际，注重过程研究，有措施、有成效。

·教育会诊式。

教育会诊式是一种针对教师在教育过程中存在的问题，通过集体研讨或共同诊断的方式，帮助教师解决问题，提升教育智慧的教研模式。教育会诊模式具有场景性、亲历性和合作参与性等特点，它应该基于教育过程中的具体场景、领域，基于教师的亲身实践，在专家、同伴的共同讨论与诊断中，使教师得到知识的内化和智慧的提升。

·现场研修式。

现场研修式是专题培训与现场教研相互衔接与呼应的一种职后培训方式。在专题培训中，教师通过自己的亲身经历和体验，获得对新理念和新策略的真正理解和感悟，再进入教育现场进行实际运用和创造性地使用，伴随着现场研修，实践中的问题又将成为专题培训的内容，这是一个循环延续、不断螺旋上升的研训一体化以及理念与行为不断转化的培训过程。

·互动参与式。

互动参与式是一种参与式、合作式的同伴学习方式。它强调所有参与教

研的人员都是平等的，都要积极参与教研的全过程。一般情况下，在教研过程中，主持人把所有成员分成若干研讨小组，组内的每一位成员要承担一定的小组工作任务，如小组负责人、时间控制员、书记员、话题控制员等。大家围绕教研问题积极阐述自己的见解、经验、困惑等，书记员以图表形式进行简要记录。教研问题通过同伴交流、思辨获得梳理或解决。

・团队拓展式。

团队拓展训练是一种体验式培训，所有项目都以体能活动为引导，引出认知活动、情感活动、意志活动和交往活动，有明确的操作过程，要求教师全身心地投入，向自己的能力极限挑战，跨越极限，激发斗志，挖掘潜能，从而激发出团队更高昂的工作热情和拼搏创新的动力，使团队更富凝聚力。

・园际互动式。

园际互动式是以片区为单位，将教研活动主体由一所幼儿园拓展为几所甚至十几所幼儿园的教研方式。通过座谈与倾听—有针对性的理论学习—交流研讨目标的定位和方案的设计—现场观摩研讨—互动交流—总结经验这样的方式，促进片区内优质教育资源共享，推进公办园与民办园之间的交流，形成促进片区教育均衡发展的长效机制。

・专业引领式。

采取“请进来”的方式，定期或不定期地邀请专业研究人员参与幼儿园的教研活动。教师将自己平时解决不了的问题困惑列成清单，归好类，把在教师交流讨论中不能解决的问题单独列出来，向专业研究人员请教，在解决问题的同时，不断提高教师的专业水平，提升园本教研质量。

为了确保幼儿园教研活动持续深入开展，专家引领必不可少，其主要目的在于“助人自助”，从而达到纵向引领、横向互通。专家引领不仅使教研活动能够根植于自下而上的园本研究中，还能避免园本教研开展不充分、不全面、不均衡以及重复同水平研究的问题。

专业引领式教研以教学观念的更新和教学行为的改进为重点，通过专家引领，及时发现幼儿园教学工作和教师专业成长中的实际问题，引领教师一起进行总结和提炼，梳理行之有效的教育研究方式方法，让教师以研究的眼光不断地反思和调整自身的教研过程，实现“尊重、合作、创新、发展”的美好愿景。

研训可选择在幼儿的活动现场或会议室进行，也可以通过网络开展。要关注研训后的研究与学习实践，根据本园实际提出激励、指导措施，学以致用，有成效。

②分工明确。

组织者是教研活动的引领者，引领不是“说得多”，而是把握教研的方向，激发教师内在潜能、催化教师思考、促进教师高质量互动并达成高质量共识。组织者要紧紧围绕中心议题，立足实践，突出重点，营造氛围，步步展开，不偏离主题。对教师的观点及时把脉，归纳问题成因，适时解惑，梳理与提升教师原有经验，积淀新经验。

参研人员是教研活动的主体，在教研过程中应表现出自己的专业能力和作用，能够围绕话题大胆表达个人看法和想法，也应认真倾听同伴的观点，善于捕捉信息，积极互动，适时提出自己的见解和困惑。成员间可优势互补，从不同角度分析问题、解决问题。无法解决的问题可寻求专家帮助，积极与专家互动，找准问题的症结，对症下药，提升解决实际问题的能力。

（3）步骤三：活动总结。

研训活动结束时，教研组长或主持人要对本次活动进行概括性或总结性的梳理，帮助教师达成共识，并对研讨结果的运用提出要求或抛出下一阶段的研讨思路。

记录人员要做好教研活动的记录及相关视频、学习资料等教研材料的收集与整理工作，为下一阶段的研讨和教师的学习思考提供参考。

教研活动记录表示例：

××幼儿园教研活动记录（______级教研）

<table>
<tr><td>时间</td><td>年　月　日</td><td>地点</td><td></td><td>主持</td><td></td><td>记录</td><td></td></tr>
<tr><td>参加人员</td><td colspan="7"></td></tr>
<tr><td>教研内容</td><td colspan="7"></td></tr>
<tr><td>教研过程记录</td><td colspan="7"></td></tr>
</table>

××幼儿园（　　班）班级教研活动记录

<table>
<tr><td>活动时间</td><td></td><td>地点</td><td></td><td>记录员</td><td></td></tr>
<tr><td>召集人</td><td></td><td>缺席人员及原因</td><td colspan="3"></td></tr>
<tr><td colspan="2">现状与问题（可以从班级幼儿在园一日活动各环节组织实施的情况，或幼儿的发展情况、兴趣点、关注的问题等中选择1～2个方面写）</td><td colspan="4">问题分析及解决策略（针对现象及问题进行分析并提出解决问题的方法）</td></tr>
<tr><td colspan="2">其他事项（幼儿园其他的共性工作，如安全月、垃圾宣传月等需在班级中开展的活动）</td><td colspan="4">其他事项落实情况（从幼儿发展的角度讨论在一日生活中的哪些环节落实）</td></tr>
</table>

(4) 步骤四：反思与推进。

教研活动结束后，组织者可组织参研人员对本次活动的有效性、亮点和需改进之处进行反思，不断推进教研活动的深入开展。反思可以由教师提出非结构化的感悟和感想，也可以借助结构化的评价量表来进行。

①教研组长自我评价。

教研组长自我评价，有利于其提高自身的反思意识、总结能力和教研组织能力。自我评价内容可以包括主题选择是否聚焦，目标定位是否适宜，前期准备是否到位，互动问题是否围绕中心议题、是否有价值和深度，各环节时间安排是否合理，教研后的跟进策略是否有效等。

②教师的评价反馈。

教师是教研活动的主体，他们的真实反馈能反映教研的效果。教师参与教研评价能帮助他们及时回顾教研活动的内容，思考教研成果对自己后续活动的帮助，同时教师也可以对教研活动的设计和组织提出自己的看法和建议等。

教研活动后，教研组长可以采用问卷的形式，围绕教研问题是否适切，教研活动的参与情况，教研时间、流程的安排是否合理，教研是否有助于解决实践问题，教研过后还有什么问题未能解决等，引导教师对本次教研活动进行评价。这有利于教研组长改进教研行为，也有利于教研问题研究的持续推进。

4. 对开展研训活动的几点建议。

(1) 关注各级教研的关联性和丰富性。

为保证幼儿园层级教研内容的一致性、层次性和延续性，年段教研和班级教研的内容选择要根据园级的教研要求和教研开展的时段而有所不同，既有联系又各有侧重点。

期初，年段教研可根据园级教研计划和年段需求制订年段研讨计划，安排内容，如新学期年段工作计划、本学期的户外活动内容和场地安排。班级教研可在年段教研的框架下，依据班级幼儿情况进行细化，制订本班研讨计划及内容，例如一日活动常规、预设主题、环境创设、班级户外活动材料提供、自然角创设、家长工作等。

期中，年段教研可围绕幼儿园教学部门部署的重点内容及年段的共性问题开展各种年段教研活动，如围绕主题活动的推进策略，户外活动、区域活动和游戏活动的材料提供，幼儿行为解读等方面进行研讨与调整；还可围绕园级教研的重点，组织年段教师开展有主题的、满足实际需要的教研专题学习与研讨。班级教研除了加强班级保教人员的配合、家长工作、个别幼儿的教育之外，也应结合班级的实际情况对年段教研的内容进行细化研究。

期末，对教研工作进行回顾总结、梳理提升，并针对存在的问题进行反思，提出改进策略。

（2）寻求理论支持。

教师要对反映幼儿园教育经验的所有事实进行正确概括、做出合理的解释或对相应的问题做出正确判断，就必须学习有关的教育理论，寻找确切可靠的理论支撑点。在循环往复的行动研究中（发现问题—解决问题—再发现问题—再解决问题）不断提升自己的观察能力、反思能力、调整能力及践行能力。对于经过反复实践还是解决不了的问题，要进行整理记录，并在教研活动中与大家共同商讨、切磋。

（3）发挥教师的主体作用。

教研活动应充分激发教师参与的积极性，调动教师发挥教研主体的作用。如：每个教师都有发言的机会，轮流主持，轮流记录，主动选择研讨课题等；各教研组长还要采取多种教研形式来吸引教师参与；幼儿园要用激励机制鼓励和支持教师参与教研活动。

（4）提升教研记录的质量。

一是真实记录教研活动过程；二是记录发言者的主要观点和思辨过程，条理清楚，利于回顾；三是体现解决问题的过程。

（二）专题（课题）研究

1．专题（课题）选择。

专题（课题）的选择应考虑以下两方面：其一，专题（课题）要有实践意义，所研究的专题（课题）应使问题得以解决，有利于促进幼儿教育改革发展和保教质量的提高；其二，专题（课题）要立足于本园的实际，与课改相结合，从幼儿园所面临的问题入手进行研究。

根据研究范围和研究内容，专题（课题）可分为综合型和微型两种。综合型专题（课题）需要微型专题（课题）的支撑，微型专题（课题）的研究可以深化拓展为综合型专题（课题）。综合型专题（课题）选题可以从“分析幼儿园发展现状—整合幼儿园教育资源—确定幼儿园发展方向—确立专题（课题）”入手；微型专题（课题）选题可以从“观察幼儿—反思行为—查阅资料—确定专题（课题）”入手。

2. 方案制订。

在确定选题后，专题（课题）负责人及研究组成员要根据选题收集和整理分析有关的研究资料，制订研究方案。

综合型专题（课题）的研究方案一般由以下几方面组成：专题（课题）名称、问题的提出、概念的界定、研究现状综述、理论依据和假设、研究目标与研究内容、研究方法和步骤、预期成果形式、组织机构和人员分工、保障机制等。

微型专题（课题）的研究方案主要由以下几方面组成：专题（课题）名称、问题的提出、研究目标与研究内容、研究方法和步骤、预期成果形式等。

3. 实施过程。

实施过程中应注意做到：

（1）不能随意更改措施与降低目标要求，要探讨可行的方案来保证目标的落实。

（2）要有时间的保证和资金上的支持，有针对性地解决实施过程中可能遇到的困难。

（3）及时收集信息，积累资料，建立科研活动的资料档案，力求做到资料积累过程的规范化。（应注意研究过程资料的收集、整理，如与研究活动相关的文章、参考资料、活动设计、案例、观察记录、随笔、心得、活动照片、数据统计、论文等）

（4）重视阶段成果的梳理总结、经验分享，定期开展科研观摩和研讨活动，展示研究过程中收集的资料和取得的成果。

4. 指导与管理。

教师要加强学习、更新观念、立足实际、勇于探究、积极反思，把研究工作看作是一种发现问题、分析问题、解决问题的过程来认真对待。园领导作为科研工作的组织者、引导者，要为教师搭建平台，通过提供多渠道、多形式的研讨机会来帮助教师树立教育行动研究的意识，鼓励教师积极主动地投身于教育改革的洪流中，把做好研究工作看作是提高自身专业素养的一个重要组成部分。幼儿园应立足本园实际，树立“专题（课题）必须从教育教学实践中来，再到教育教学实践中去”的思想，通过研究来解决实际的问题，促进教师专业成长。

省、市级示范性幼儿园开展专题（课题）研究的比例须达到100%，参与个人微型课题或幼儿园专题（课题）研究的教师每年要有过程性资料及成果体现。

四、示范辐射

（一）承担活动

积极参加层级教研活动，勇于承担片区、区、市、省等各级教学研讨任务，如观摩、展示、讲座、带教等。

（二）帮扶结对

省、市级示范园应积极发挥示范引领作用，帮扶民办园、农村园和薄弱园，帮扶工作有专人负责，确保做到：根据帮扶工作需要，制订适宜的帮扶计划、方案，为帮扶园提供跟岗学习机会，邀请帮扶园参加研修活动，每学年组织开展5次以上的帮扶活动。帮扶内容丰富、形式多样，促进帮扶园保教质量提升，成效明显，学年结束后有总结。

附件：

附件一：教研工作检查表参考格式

________幼儿园________部门工作检查与指导记录

日期：

检查内容		检查人	
情况记录		指导意见	
整改情况	（检查者进行指导后，应复查问题整改情况并记录。记录内容包括整改时间、整改效果等）		

注：部门日常工作检查记录可以围绕本周工作重点进行检查记录，也可以记录日常巡班过程中发现的问题或者亮点。针对记录的情况进行分析，寻找支持资源或者解决问题的策略，并做持续跟踪。记录应体现实效性，记录之间能呈现关联性与推进性。

________幼儿园开学初准备工作完成情况检查记录表

________一________学年 第____学期 时间：____月____日							
班级	项目						
大一							
大二							
……							

注：项目内容根据幼儿园实际需要，可包含点名册、班级环境、早操编排、区域材料、家园联系栏、班级课程及各类活动场地安排、幼儿用品（毛巾、杯子、晨检牌等）标记等等。

________—________学年第____学期

________幼儿园____月工作检查记录表

检查日期：____月____日								
班级	日常工作				月工作重点			备注
大一								
大二								
……								

________幼儿园________—________学年第____学期

班级常规（幼儿行为习惯）检查记录表

检查日期：____月____日									
班级	户外活动	区域活动	集体教学活动	游戏活动	餐点	散步	午睡起床	离园	备注
大一									
大二									
……									

附件二：教研活动反馈问卷①

亲爱的老师：

您好！以下是关于本次教研活动的反馈问卷，本次问卷调查的目的是了解您对本次教研活动的评价，为之后教研活动的开展提供依据。

本问卷有选择题和问答题，请根据您的真实感受作答。我们不会基于本次问卷的结果对教师做出任何评价，请您放心、如实填写。

非常感谢您对本次问卷调查的支持和配合！

① 问卷来源于厦门市第十幼儿园陈婷婷。

【主题评价】

1. 本次教研活动反映了我在日常教育教学中遇到的问题。（ ）

A. 不符合 B. 有点符合 C. 完全符合

2. 本次教研活动能够解决我的困惑。（ ）

A. 不符合 B. 有点符合 C. 完全符合

【目标评价】

3. 本次教研活动的目标明确，具有可操作性。（ ）

A. 不符合 B. 有点符合 C. 完全符合

教龄 1～5 年的教师回答问题 4～5。

【内容评价】

4. 本次教研活动过程中所呈现的内容我能完全理解。（ ）

A. 不符合 B. 有点符合 C. 完全符合

【效果评价】

5. 本次教研活动对我接下来的工作有所帮助。（ ）

A. 不符合 B. 有点符合 C. 完全符合

教龄 6 年及以上的教师回答问题 6～7。

【内容评价】

6. 本次教研活动的内容安排合理，活动的步骤清晰。（ ）

A. 不符合 B. 有点符合 C. 完全符合

【效果评价】

7. 本次教研活动给予我发表观点的机会，能够体现我的专业能力。（ ）

A. 不符合 B. 有点符合 C. 完全符合

8. 通过本次教研活动，我的感悟与收获是：

____

9. 我对本次教研活动的建议是：

____

第七章　课程实施方案例析

第一节　厦门市第一幼儿园“启点课程”课程实施方案[①]

厦门市第一幼儿园（以下简称“一幼”）创办于1946年，1995年被首批确认为福建省示范性实验幼儿园。一幼设有总园和前埔分园两个园区，以“最美的起点”为办园思想，构建“启点”课程体系，秉承“为幼儿美好一生奠基，为教师专业发展铺路，为家长科学育儿引航”的办园宗旨，打造“起点教育　文明导航”的办园特色，形成了“诚信、唯谦、广博、精进”的园风和“尊重、合作、创新、发展”的教风。实施“塑名校，出名师，促进区域均衡发展，辐射优质资源”的品牌战略，坚守传承与创新，努力打造一所管理成效卓越，教育质量领先，文化底蕴深厚，具有鲜明特色可持续发展的示范性幼儿园。

第一部分：“启点课程”建构的背景和理论基础

一、背景分析

（一）幼儿园的发展及文化背景

1. 园史概况。

一幼儿创办于1946年，原址几经迁移，于2001年在公园北路1号移址建成。一幼作为国培计划实践教学基地、福建省首批基础教育师资培训实践基地、福建省教育科研实验基地、省级名园长培养培训基地，先后获得“全国优秀家长学校”“全国巾帼文明岗”“全国绿色学校”“全国环境教育示范学校”“福建省教育系统先进单位”“福建省先进幼儿园”“福建省教育系统先进

① 本方案来源于厦门市第一幼儿园林鹭、黄芳、郭瑜、刘小琪。

集体”等荣誉称号。

2. 文化背景。

幼儿倡导“幸福一幼，师德先行”，重视师德师风建设与教师专业发展，按照“专业引领、分层实施”的原则，根据教师队伍的梯级结构，构建立体交叉、层次分明的园本培训。坚持教科研并重，健全“立项—实施—过程监控—评价—推广应用”的管理体系，不断进行课改研究，先后承担多项国家和省市级课题并取得丰硕的研究成果，优异的保教质量获得各界赞誉。

（二）幼儿园的园所条件

一幼儿由两个园区组成，两个园区园情、生情、师情、家长、社区资源等方面各有差异，在课程改革发展的过程中，一幼既有着得天独厚的优越条件，也面临新的机遇和挑战（见下表）。

一幼发展态势 SWOT 分析表

园所条件分析	优势 S	劣势 W
园情	1. 建园历史悠久，办园条件优越。 一幼环境整洁、清雅，人文环境与自然环境交相辉映。活动空间充足，能支持幼儿进行不同规模的活动。总园、分园人均可利用户外活动场地面积分别达到 5.8 平方米和 5.4 平方米，人均学习、生活活动面积分别达到 4.4 平方米和 6.4 平方米（以上两项指标均高于国家标准）。 一幼设有十多个专用功能室，为不同年段的幼儿提供了异龄互动的机会。户外设有情景沙池、野战区、绿篱迷宫区、荡桥区等十余个户外游戏场。四楼屋顶设置了集“花园”“果园”“菜园”于一体的“空中绿苑”，提供自然种植、采摘、田间劳动、观察生长、认知等自然教育的活动场所，为幼儿打造了自主游戏、健康成长的儿童乐园。	1. 总园、分园距离较远，给管理造成不便；总园建筑空间合理，室内外空间充足，但分园室内面积略小，在大班额情况下，室内环境稍显拥挤。 2. 两个园区分别地处繁华的老社区和新兴社区，具有丰富的社会资源、文化资源，是幼儿认识自我、了解社会、关注生活的重要载体，在开发和利用上与社区合作的力度和深度还有待于进一步挖掘。

续表

园所条件分析	优势S	劣势W
	2. 办园特色鲜明，教育理念先进。 一幼长期坚持教科研兴教，课题研究成果丰硕；办学具有开放视野，与厦门市多所幼儿园建立伙伴或帮扶关系，先后对日本、津巴布韦等国和港澳台及省内外多地的幼儿园进行开放观摩研讨活动。	
生情	1. 总园城区幼儿家庭生活水平比较高，幼儿的学习兴趣和能力基础较好，在情感、社会性发展方面也有较好的条件，普遍具有好奇、好问、好探究等特点。分园幼儿身体机能发展较好，运动能力较强。 2. 幼儿社会实践能力较强，视野较广；重视文化的传承与弘扬，以各类节日、主题活动为载体，开展形式多样的校园文化活动；家园活动课程化，每个班都有假日亲子小队，使幼儿得到多方面的教育与熏陶。 3. 二孩幼儿较多，这部分幼儿的入园适应能力较好，在生活自理、人际关系方面略优于一孩幼儿。	1. 总园分园幼儿体质差异比较大；部分总园幼儿生活自理能力略显不足。 2. 在大班额、高幼师比现状一时难以消除的情况下，通过课程改革促进幼儿的个性化发展，提升教育质量难度较大。 3. 家庭结构产生了一定的变化，需要关注幼儿心理健康，加强家园协作，提出合理对策予以引导和支持。
师情	1. 师资力量较强，发展态势良好。 一幼有一支具有爱心、责任心、敬业精神的教师团队，是能实践、会创新、有思想的专业队伍，形成了老、中、青梯队式的良性发展态势，教师课程意识较强。 2. 科研热情较高，保教质量稳定。 一幼连续两届被评为“思明区教师专业	1. 随着办园规模的扩大，教师队伍的不断调整，教师的专业素养与整体课程理念还需进一步提升。 2. 教师园本课程开发的后劲不足。

续表

园所条件分析	优势 S	劣势 W
	发展学校”，是“厦门市首届教师专业发展学校”。教师积极探索、勇于创新，逐步成长为具有“研究型、示范型”特征的骨干教师队伍。教师能够积极主动学习和研究现代社会条件下的幼儿学习方式与特点、教育方法、课程建设等教育理论，开展教育教学研究氛围较浓。	3. 市级以上有知名度的、有自己独特教学风格的专家型教师较少。
家长	1. 家长普遍文化程度较高、知识面也比较广，重视孩子的教育。 2. 部分家长对教育理论有一定的了解，也积累了一定的家庭教育经验，关心教育改革。 3. 家长工作较忙，他们在工作的岗位上表现出色，能为幼儿的生活提供物质条件保障。 4. 家长学历较高，在自己所从事的领域中，具有丰富的知识经验。	1. 隔代教养比较普遍，祖辈与父母辈教育要求、方式的不协同现象明显。 2. 家长之间的教育理念、教养方式存在较大差异；祖辈家长对孩子过多保护，从而束缚或影响孩子的全面发展；心灵感受力弱，同理心不足。
社区资源	1. 幼儿园与社区单位建立了合作关系，能借助社区丰富的教育资源开展各项活动，社区成为幼儿主动学习探究与社会实践的重要场所。 2. 作为0～3岁早教指导基地，幼儿园向社区散居婴幼儿开放幼儿园资源，对家长开展各种形式的早教指导。	1. 总园位于老城区，周边常住居民老龄化程度比较高，在主动支持或与幼儿园交流方面较欠缺。 2. 前埔分园是小区配套幼儿园，社区组织网络还不够健全，与总园配合还不够。共建基地已建立，但开展活动的频率还不够，互动渠道不够畅通。

（三）幼儿园的园外资源

总园所处的地理位置曾经是老市区较为繁华的地方，天然的地理、文化优势为幼儿园创造了良好的资源环境，为我园在课程资源的共享、利用上创造了有利条件。分园紧邻前埔社区与前埔南小学，毗邻会展中心、BRT 公交枢纽及海边，园外资源也有其自身特色。

1. 园外资源分析。

园外资源分析表

<table>
<tr><th colspan="2">类别</th><th>资源</th><th>可利用情况</th></tr>
<tr><td rowspan="4">物质资源</td><td rowspan="2">自然物质资源</td><td>总园：花鸟虫鱼、树木、动物</td><td rowspan="2">观察自然界中的各种事物，可以带回幼儿园的活动中。</td></tr>
<tr><td>分园：花草树木、海沙、贝壳、礁石</td></tr>
<tr><td rowspan="2">社会物质资源</td><td>总园：实验小学、公园小学、大同小学、第一医院、消防队、花鸟市场、人民体育场、BRT、部队</td><td rowspan="2">拓展学习空间，丰富幼儿的生活经验、社会交往经验。帮助幼儿了解各种不同职业及他们的工作，感受社会中的人和事。</td></tr>
<tr><td>分园：前埔南区小学、农贸市场、BRT、前埔医院、菜市场、银行、面包店、理发店、面馆、停车场</td></tr>
<tr><td rowspan="2">文化资源</td><td>文化场所资源</td><td>总园：中山公园、白鹭洲公园、少儿图书馆、中山路步行街、厦门影剧院
分园：厦门会展中心、思明文化馆</td><td rowspan="2">各类文化场所为幼儿园提供了不同的文化空间与课程资源，可以培养幼儿的文化及审美能力。</td></tr>
<tr><td>文化活动资源</td><td>社区经常举行不同的主题活动</td></tr>
<tr><td>人力资源</td><td>家长助教资源</td><td>教师、银行职员、医生、消防员等</td><td>家长职业种类丰富，可提供多样化的助教力量。</td></tr>
</table>

2. 园外课程资源库分析。

教师是开发与利用资源的核心者，要有课程意识，不断开发、利用、更新已有的课程资源，同时通过课程审议，达到“善用、妙用、活用、共用”一切可利用资源的目的。为此，在实地走访、调查分析的基础上，我们共享优化资源，分析优势劣势，建立课程资源库。

园外课程资源库

<table>
<tr><th colspan="2">类别</th><th>资源</th><th>可利用情况</th><th>相关内容</th><th>优势</th><th>劣势</th></tr>
<tr><td rowspan="9">物质资源</td><td rowspan="5">自然物质资源</td><td>幼儿园门口的榕树、三角梅</td><td>感受不同季节植物的变化</td><td>科学
艺术</td><td>离幼儿园近</td><td></td></tr>
<tr><td>溪岸路花鸟市场</td><td>花、鸟、鱼</td><td>科学
艺术</td><td>离幼儿园近</td><td>道路狭小
安全问题</td></tr>
<tr><td>动物</td><td>观察各种动物的外形特征</td><td>科学
社会</td><td>离幼儿园近
旅游景区
不消耗经费</td><td></td></tr>
<tr><td>菜市场</td><td>蔬菜、水果、海鲜</td><td>科学
社会</td><td>离幼儿园近</td><td></td></tr>
<tr><td>少儿图书馆（中山公园馆）</td><td>图书资源
借阅书的流程</td><td>科学
社会</td><td>离幼儿园近
图书丰富</td><td></td></tr>
<tr><td rowspan="4">社会物质资源</td><td>实验小学
公园小学
大同小学</td><td>小学生的学习生活</td><td>社会</td><td>与实验小学建立友好关系</td><td></td></tr>
<tr><td>口腔医院
第一医院</td><td>了解医生的职业</td><td>社会
健康</td><td>医生职业的家长资源丰富</td><td>幼儿毕业后，家长资源的持续性</td></tr>
<tr><td>浦发银行</td><td>银行里的设备及办理业务流程</td><td>社会
科学</td><td>家长</td><td>合作、接待问题</td></tr>
<tr><td>部队</td><td>参观军营生活</td><td>健康
社会</td><td>体验感强烈</td><td>保密问题</td></tr>
</table>

续表

类别		资源	可利用情况	相关内容	优势	劣势
人文资源	人文物质资源	中山公园	动物园 雕塑 桥	艺术 建筑	离幼儿园近	
		东岳庙	寺庙文化 建筑造型	社会 艺术	离幼儿园近	
		白鹭洲公园	草地 音乐喷泉 鸽子 购物游乐中心（书画院、美术馆、字画廊、水晶礼品） 白鹭女神雕塑	社会 艺术	旅游景区 广场公园	
		万石植物园	摩崖石刻 3000 多热带、亚热带植物 药用植物园、大型仙人掌园、百花厅、兰花圃等 20 多个专类园和种植区	科学 艺术	旅游景区	安全问题； 需要事先联系
		中山路步行街	陈化成故居、中华第一圣堂、南洋骑楼建筑、国画裱坊、黄则和花生汤等	科学 社会 健康	旅游景区	安全问题
		珊瑚礁海洋世界	海洋生态链	科学 艺术	旅游景区	收门票

（四）课程建设的发展历程

1. 奠基阶段：历史积淀　底蕴丰厚（1946—2000 年）。

20 世纪 90 年代初期，一幼被确立为厦门市陈鹤琴教育思想基地园，开始践行“大自然、大社会是活教材”“做中学、做中教、做中求进步”等教育理论，带幼儿走出校园，走进社会、走进自然，开展丰富多彩的社会实践活动，拓展性课程也在这一时期孕育而成。一幼进行了《“综合教育”在幼儿音乐教学中的应用》的课题研究，初步形成了师幼互动、幼幼互动的良好氛围。1994 年一幼通过福建省优质实验园评估，成为厦门市首批省优质幼儿园。丰厚的历史为“启点课程”的建设打下了坚实根基。

2. 发展阶段：紧随时代　改革创新（2000—2016 年）。

2001 年，一幼迁入新址。十一五期间，一幼以“创设适宜幼儿发展的学习环境”课题为切入点，确立了“为幼儿一生的成功奠定良好的素质基础”办园目标及“给孩子适宜的爱”办园宗旨。2005 年，一幼每月结合传统节日、重要事件等形成了有主题的月末娱乐活动，这一时期也是拓展性课程的发展阶段。

2012 年，一幼成为福建省实施《指南》基地园，围绕《指南》继续在课改之路探索、迈进，课程体系初见雏形。

3. 完善阶段：“启点课程”扬帆起航（2016 年至今）。

2016 年初，一幼梳理以往课程并结合时代发展方向，经数十次的讨论，完成《“一幼星”整体平衡性课程实施方案》（第一稿）。分为常规性课程和特色课程，其中包括假日小队活动、专题周活动、月末娱乐活动、节庆活动和社会实践活动。2016 年底，《“一幼星”整体平衡性课程实施方案》（第二稿）完成，分为共同性课程与选择性课程相结合的课程模式。2017 年，在高校专家的参与和指导下，在“最美的起点”办园思想的引领下，《“一幼星”整体平衡性课程》更名为《厦门市第一幼儿园“启点课程”》。“启点课程”与“最美的起点”办园思想一脉相承，“启”通“起”，意为启迪幼儿心智，开启幼儿一生美好的起点。“启点课程”源于“蒙以养正”的国学思想，在原有课程的基础上进行了重组与丰富，以主体性、游戏性、多元化、生活化、班本

化为原则，形成了体系完善、内容全面、目标明确、便于操作的课程体系。2018—2022年，数次修订《厦门市第一幼儿园“启点课程”实施方案》，课程目标充分体现着力于幼儿的启点之体、启点之德、启点之智、启点之美、启点之劳全面发展，课程组织既体现了时代发展、幼儿需要，又凸显一幼厚重的历史和园所特色。

二、“启点课程”的理论基础——蒙以养正

回溯古今中外教育史，在蔚为大观的历史卷轴中，一些思想始终闪烁着理想和智慧的光芒，这些先哲的智慧启引着我们，成为“启点课程”构建的智慧之源。国内外教育家的思想主张都确立了幼儿园教育在整个教育体系中的奠基地位。

《易经·象传》：“蒙以养正，圣功也。”“蒙以养正”是指从童年开始，就要施以正确的教育，唤醒生命自觉，为幼儿一生的发展奠定良好的基础，指明了幼儿园教育“打基础”“启蒙性”的根本属性。

1. “蒙以养正”对课程目标定位的启发。教育不是为了弥补儿童的缺失和缺陷，而是通过“养”的方式建立长善机制，将儿童内在“正”的优秀品质和天赋秉性挖掘出来。“启点课程”是根的课程、奠基的课程，是培养和塑造人的课程，是全面、均衡的课程。因此，“启点课程”以德智体美劳“五启”育全人，将培养自主学习、富有个性、全面和谐发展的“一幼星”作为课程目标。

2. “蒙以养正”对课程内容选择的启发。以做“圣功”的心态来做启蒙教育，既要敬畏儿童的生命本体，还要敬畏我们对儿童施加的任何作用力。儿童是启点教育的出发点，也是归宿点。在“蒙以养正”这一思想启发下，“启点课程”必须是动态的，是根据幼儿发展而不断生成的课程，课程内容的选择应当具有整合性、启蒙性与生活化，这意味着“启点课程”的内容选择应源于儿童生活经验，实现课程在幼儿的生活中，在幼儿的行动里。

3. “蒙以养正”对课程实施路径的启发。“启点课程”深受“蒙以养正”思想的影响，“启”意在启迪、启发、启蒙，课程实施的本质、目的和方法均源于“养正”。教师必须遏制“助长”的冲动，为幼儿提供自主成长的空间。

受此启发，“启点课程”在实施过程中保持课程的弹性化，坚持课程实施的主体性与游戏性，并秉承多元化、生活化和班本化原则，在课程实施中，基础性活动与拓展性活动结合，以期丰富教育活动类型，通过“启点课程”唤醒儿童的心灵。

第二部分：“启点课程”的理念与愿景

在新的发展时期，一幼结合幼儿的成长需要、办学传统和教育资源，在总结前期课程改革实践经验的基础上，整合基础性与园本特色课程，构建具有一幼特色的“启点课程”体系。

“启点课程”体系将国家和地方课程、园本课程、班本课程勾联，创设适宜的学习环境，培养“感恩、快乐、好学、友善”的“一幼星”。“一幼星”代表着一幼的每一个孩子如同一幼天空中独特而又闪亮的星星。

一、课程内涵

·启：启蒙、启发、启迪。

·启点：以适宜的教育开启幼儿一生的美好。

·启点课程：是奠基课程，是全面、均衡的课程，在教育内容上具有启蒙性；在教育方法上注重启发性。

二、课程理念

（一）幼儿观

童年在人的终身发展中有不可替代的重要意义。幼儿应拥有美好的童年，享有自由游戏的权利，获得身心和谐发展。每一位幼儿都是值得尊重的独一无二的个体，像星星独特而闪亮。一方面，幼儿是主动的、有能力的学习者，同时也是发展中的人。他们喜欢发问、探索、自由地游戏，也喜爱富有秩序、韵律及美好的事物。幼儿需要亲身参与，和周围的人、事、物互动，在其中观察、感受、欣赏、领会。通过参与和体验，幼儿以已有经验为基础，逐步建构新知，并学习在群体中如何与人共处。

另一方面，幼儿是重要的教学资源。同伴群体的亲密陪伴是幼儿成长过程中的宝贵养分。幼儿和教育者之间是相互影响、相互感染、共同成长的关系，向幼儿学习是一种睿智的教育态度。

（二）课程观

“启点课程”在编制与实施上以整体平衡观为指引，强调幼儿自身发展的整体性以及幼儿发展与外界环境的协调统一，主张课程应通过协调统一环境中的各种教育元素，对幼儿的发展产生积极的影响，培养完整的幼儿。

1. 整体性。

幼儿的生活和发展是一个有机整体。外界环境（家庭、学校、自然、社会）的作用是以整体的方式对幼儿产生影响，为幼儿设计的课程（目标、内容、实施、评价）应是整体的、互相联系的，而不是相互割裂的。

2. 平衡性。

课程所追求的是幼儿身心协调发展的一种状态，是幼儿个体成长与环境相互作用的结果。课程实施环境中的各元素各施所长、相辅相成、形成整体合力。一是体现在课程目标上，追求幼儿的身体健康、认知、情感、社会性等全面协调发展。二是体现在课程内容上，关注幼儿的健康、社会、语言、科学、艺术等各领域核心素养的形成与发展需要。三是体现在课程实施上，注重综合采用自主游戏、区域活动、主题探究等多种教学模式。四是体现在课程资源的利用上，注重吸引家长、社区、社会力量及资源的参与，形成一个良性的教育生态圈。五是体现在课程评价上，注重采用过程性评价、自评与他评、横向评价与纵向评价相结合。

（三）教师观

教师在幼儿的成长中扮演着多重角色，应成为幼儿一生美好起点的奠基者。

1. 教师是幼儿发展的研究者。

教师应拥有研究幼儿的精神，通过生活活动和游戏活动等观察幼儿的言行，了解幼儿的兴趣、需要、学习特点与现有的发展水平，分析幼儿最近发展区，并在此基础上提出适宜的支持幼儿后续学习与发展的教育策略。

2. 教师是幼儿学习的促进者。

在解读幼儿发展的基础上，及时捕捉幼儿的兴趣，回应幼儿的需求，尊重幼儿的个体差异，与幼儿共同构建丰富且适宜的学习环境；帮助幼儿获得贴近生活的学习经验，引导并帮助幼儿整理、提升经验，发挥经验与知识的链接作用；与幼儿共同规划、构建有意义的学习情境，投放丰富的学习材料；在幼儿与同伴、环境的互动中为他们提供多样的学习机会，促进每个幼儿在不同水平上得到发展。

3. 教师是师幼和谐关系的营造者。

教师应营造尊重、接纳和关爱的氛围，注重与每位幼儿建立良好的互信关系，善于倾听，与幼儿相互分享彼此的生活经验，成为幼儿的良师益友。此外，教师还应致力于打造和谐温馨的班级文化，参与幼儿的探索与游戏，鼓励并支持幼儿的创造性想法，共同享受其中的乐趣，给予幼儿真诚的接纳与肯定，肯定他们的主动探索、操作实践和表达表现。

4. 教师是幼儿家长的合作伙伴。

教师须与家长建立合作伙伴关系，相互尊重、相互信任，畅通交流渠道，主动分享对幼儿的认识，与家长共同商讨制订符合幼儿特点的教育措施，为家长提供科学育儿的指导，形成教育合力，共同促进幼儿的发展。

（四）家园共育观

家长是幼儿园课程的重要参与者。家长可从不同层次参与幼儿园课程，成为幼儿活动的参与者、课程资源的提供者、课程成效的评价者。

三、课程愿景

（一）全人发展的课程。培育身心协调发展的完整幼儿。以相互关联、统整的方式编排、实施课程，顺应幼儿的学习方式和特点。

（二）个性发展的课程。尊重幼儿的差异性和多样性，每一位幼儿都平等享有参与课程的机会，并能从课程中获得适宜自己的学习与发展机会，从中受益。

（三）动态生成的课程。课程既可以是教师根据幼儿学习的需要预设的，也可以是在某个特定情境下由幼儿生成的。教师与幼儿都可以成为课程活动的发起者。课程实施过程是师幼两大创造主体共同参与、合作、成长的过程。

第三部分："启点课程"体系

一、课程目标

课程目标框架图

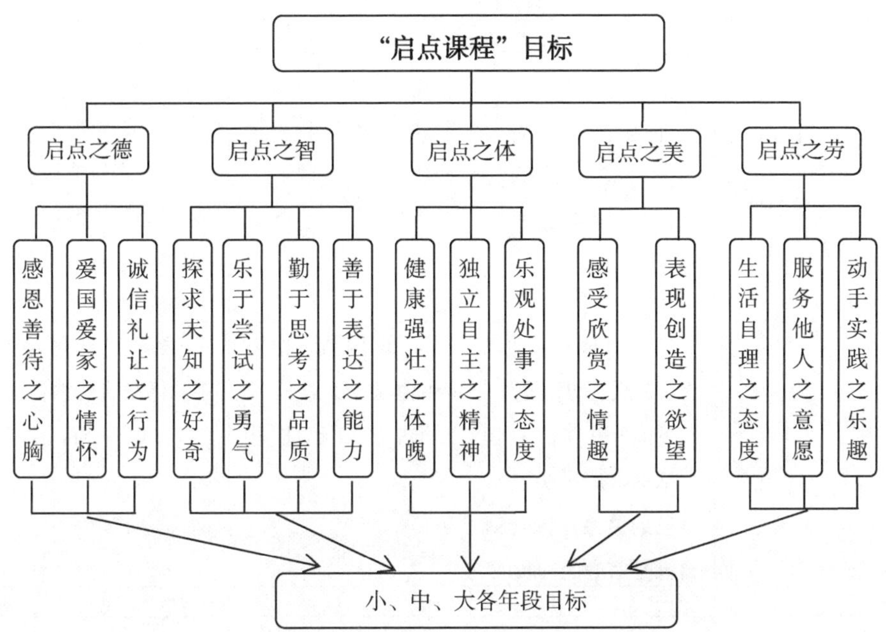

（一）总目标

在"最美的起点"办园思想指引下，注重启蒙、启发、启迪，以"五启"育全人：启"德"为魂、启"智"为要、启"体"为本、启"美"为灵、启"劳"为能，培养自主学习、富有个性、全面和谐发展的"一幼星"。

（二）具体目标

1. 启点之德：感恩善待之心胸，爱国爱家之情怀，诚信礼让之行为。

2. 启点之智：探求未知之好奇，乐于尝试之勇气，勤于思考之品质，善于表达之能力。

3. 启点之体：健康强壮之体魄，独立自主之精神，乐观处事之态度。

4. 启点之美：感受欣赏之情趣，表现创造之欲望。

5. 启点之劳：生活自理之态度，服务他人之意愿，动手实践之乐趣。

（三）年龄段目标

“启点课程”年龄段目标

内容	年龄班	目标		
		小班	中班	大班
启点之德	感恩善待之心胸	1. 接受别人的帮助时会说“谢谢”。 2. 能感受到家庭生活的温暖，爱父母，亲近与信赖长辈。	1. 关心、爱护动植物。 2. 愿意表达自己的情绪，不乱发脾气。	1. 能关注别人的情绪和需要，并能给予力所能及的帮助。 2. 经常保持愉快的情绪，知道引起自己某种情绪的原因，并努力缓解。
	爱国爱家之情怀	1. 对幼儿园的生活好奇，喜欢上幼儿园。 2. 知道和自己一起生活的家庭成员及与自己的关系，体会到自己是家庭的一员。	1. 认识国旗，愿意哼唱国歌。 2. 知道自己是中国人。	1. 尝试当社区小义工，体验成就感。 2. 认识国旗，会唱国歌。
	……	……	……	……
启点之智	探求未知之好奇	1. 喜欢接触大自然，对周围的很多事物和现象感兴趣。 2. 经常问各种问题，或好奇地摆弄物品。	1. 喜欢接触新事物，经常问一些与新事物有关的问题。 2. 常常动手动脑探索物体和材料，并乐在其中。	1. 对自己感兴趣的问题总是刨根问底。 2. 经常动手动脑寻找问题的答案。
	乐于尝试之勇气	1. 能感知和发现物体和材料的软硬、光滑和粗糙等特性。 2. 初步了解和体会动植物和人们生活的关系。	1. 能感知和发现动植物的生长变化及其基本条件。 2. 能感知和发现常见材料的溶解、传热等性质或用途。	1. 能用适当的方法验证自己的猜想。 2. 能察觉到动植物的外形特征、习性与生存环境的适应关系。
	……	……	……	……

续表

内容	年龄班	目　标		
		小班	中班	大班
启点之体	健康强壮之体魄	1. 身高体重适宜。 2. 在提醒下能自然坐直、站直。	1. 在提醒下能保持正确的站、坐和行走姿势。 2. 能在较热或较冷的户外环境中连续活动半小时左右。	1. 天气变化时较少感冒，能适应车、船等交通工具造成的轻微颠簸。 2. 在进行走、跑、跳、踢、滚、转、推、拉、投掷、抛接、攀爬等运动时，能灵活协调地控制身体。
	独立自主之精神	1. 能根据自己的兴趣选择游戏或其他活动。 2. 自己能做的事情愿意自己做。	1. 每天按时睡觉和起床，并能坚持午睡。 2. 能遵守安全规则，主动躲避危险，知道简单的求助方式。	1. 能主动探索多种运动玩法，大胆尝试具有挑战性的运动。 2. 能注意安全，不给他人造成危害。
	……	……	……	……
启点之美	感受欣赏之情趣	1. 喜欢观看花草树木、日月星空等大自然中美的事物。 2. 容易被自然界中的鸟鸣、风声、雨声等好听的声音所吸引。	1. 在欣赏自然界和生活环境中美的事物时，关注其色彩、形态等特征。 2. 喜欢倾听各种好听的声音，感知声音的高低、长短、强弱等变化。	1. 乐于收集美的物品或向别人介绍所发现的美的事物。 2. 艺术欣赏时常常用表情、动作、语言等方式表达自己的理解。
	……	……	……	……

续表

内容	年龄班	目标		
		小班	中班	大班
启点之劳	生活自理之态度	1. 每天早晚刷牙，饭前便后洗手。 2. 在他人帮助下能穿脱衣服或鞋袜。	1. 每天早晚刷牙，饭前便后洗手，方法基本正确。 2. 能自己穿脱衣服、鞋袜、扣纽扣。	1. 每天早晚主动刷牙，饭前便后主动洗手，方法正确。 2. 能依据天气的变化和身体的冷暖及时穿脱衣服。
	服务他人之意愿	1. 会帮伙伴挂毛巾、收毛巾。 2. 能够帮助同伴摆放杯子。	1. 愿意承担值日生工作。 2. 能帮助同伴整理、摆放桌椅，发放餐具。	1. 乐意为班集体做力所能及的事。 2. 能认真负责完成值日生工作。
	……	……	……	……

二、课程结构

“启点课程”包括基础性活动和拓展性活动两大部分，体现了“在游戏中学习”“在生活中学习”“在活动中学习”的实质。

课程的“基础性活动”，贯彻“以游戏为基本活动”的理念，包括游戏活动、生活活动、学习活动。旨在通过各类活动促进幼儿全面、和谐地发展，培养幼儿初步形成自理能力和良好的生活习惯，使幼儿在共同的生活中能够积累经验，获得愉快、安全、健康的成长。秉持“游戏作为幼儿园基本活动”的精神，创设自主开放的游戏环境，让幼儿能拥有充足的时间与空间享受游戏的快乐。在这个过程中，教师要关注幼儿的生活经验，解读幼儿的兴趣和需求，支持幼儿的生成活动，帮助幼儿构建不同的学习方式。

"启点课程"结构图

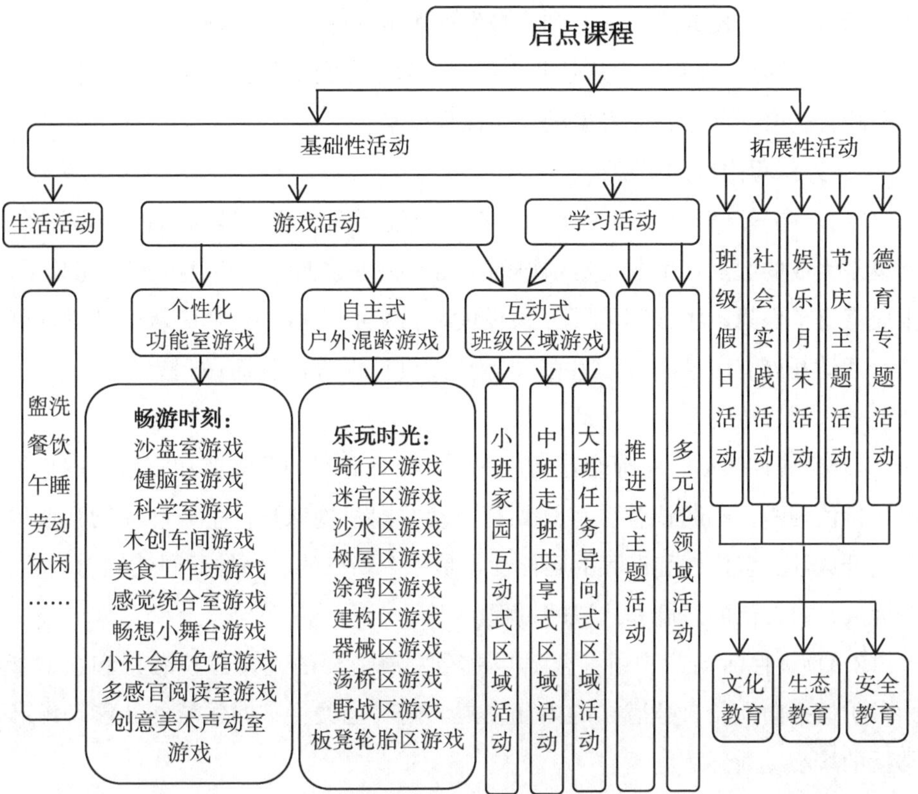

课程的拓展性活动，是对基础性活动的补充与延伸，是依托家园共育和社区共建等方式开展多类型的社会实践活动。拓展性活动沿着民族文化脉络、四季变化轨迹，让幼儿完成与自然、社会的联结，让课程拥有了更丰富的内涵。拓展性活动旨在丰富幼儿的生活经验，激发幼儿积极的情绪情感，充分体验周围生活的真善美，帮助他们养成良好行为习惯，奠定良好的素质基础。

三、课程内容

（一）课程内容选择的依据

1. 整合性："启点课程"在内容选择和活动安排上遵循整合性原则，做到全面、均衡，兼顾幼儿五大领域核心素养的形成与发展，逐步实现课程目标。

2. 启蒙性："启点课程"从多角度促进幼儿情感、态度、知识、技能等方面的发展，为幼儿后续学习和终身发展奠定良好的素质基础。

3. 生活化：课程内容从幼儿生活中的真实事件和游戏中取材，选择幼儿感兴趣且适合幼儿成长与发展的一切课程要素。

（二）课程内容的来源

"启点课程"既有预设性活动又有生成性活动，两者是相辅相成的关系，预设是生成的起点，生成是对预设的丰富、拓展或调整、超越。预设充分了，生成就有了保障；生成精彩了，预设就显得更有价值。教师应从幼儿学习经验、活动开展有序性与连续性的实际出发设计课程，从而做到有针对性、创造性地选择、改变及生成活动。

1. 生成性活动。在师幼互动过程中，教育者对幼儿需要和感兴趣的事物进行价值判断，不断调整课程计划，师幼共同建构课程。生成性活动强调内容的开放性、多样性和课程的延伸性，是一个动态的、师幼共同建构对世界、对他人、对自己的态度和认识的过程。

2. 预设性活动。兼顾符合当今社会发展需要的人才必备品格和关键能力，价值指向幼儿自身潜在的内涵发展，同时也关注不同领域幼儿能理解和掌握的核心经验。

四、课程实施

"启点课程"的组织与实施，是一个非线性的动态过程，呈现了一个幼儿与世界打交道的多样态方式。实施方式是弹性的、灵活的一日活动安排，不催促，不强求，适当留白，给孩子们创造足够的成长空间。

（一）实施原则

"启点课程"在实施的过程中，遵循主体性原则、游戏性原则、多元化原则、生活化原则、班本化原则，尊重幼儿的天性和身心发展特点，合理、科学地开展各项活动。

（二）实施途径

"启点课程"追寻的是唤醒幼儿的心灵。教育的目的不在"外"，而在"内"，是为了让幼儿获得内心的澄明、心智的成长。在课程实施中，基础性

活动包含游戏活动、学习活动、生活活动指向幼儿园一日活动，而拓展性活动则落实在各学期、月、周活动中。

“启点课程”设置表

<table>
<tr><th colspan="3">课程结构</th><th>功能与指导要点</th><th>活动安排</th></tr>
<tr><td rowspan="3">基础性活动</td><td rowspan="3">游戏活动</td><td>自主式户外混龄游戏</td><td>在低结构、自然野趣、多元开放和游戏性强的户外游戏场，以教师定点、幼儿自主选择游戏场的方式开展晨间户外活动，拓宽幼儿人际交往的渠道，形成轮流协商、多人合作、以大带小、以强带弱等社会情感和社会态度，提高幼儿运动技能、社会交往、自主探究、语言发展、艺术表现和解决问题的能力。
打破年龄界限、班级界限、区域界限、材料界限、教师界限，鼓励幼儿自选场地、自选材料、自选玩法、自选玩伴和自选教师。</td><td>每周 4 次，每次 1 小时。</td></tr>
<tr><td>个性化功能室游戏</td><td>在个性鲜明、丰富多样、操作性强的 12 间室内游戏场开展“畅游时刻”活动，功能室游戏是班级课程的有机组成部分。
各班根据本班幼儿发展实际情况和课程开展需要来灵活利用功能室。每周五下午 2:45—3:45 开展“畅游活动”，夏季及雨季的晨间 8:00—8:50 开展功能室游戏。
各年龄段功能室活动内容可参考《厦门市第一幼儿园功能室操作手册》。</td><td>中、大班混龄游戏每周 1 次，每次 1 小时。
班级功能室游戏每周 2～4 次，每次 1 小时。</td></tr>
<tr><td>互动式班级区域游戏</td><td>小班家园互动式区域活动：考虑到小班年段幼儿年龄小，刚从家庭来到幼儿园，为化解幼儿离家的焦虑情绪，尽快适应幼儿园的生活与学习，各班重点实施和探索“家园同步式”区域游戏。
在区域活动的实施与开展中体现家庭化、生活化、细节化的特点，有效培养小班幼儿的适应能力和自理能力，帮助他们养成良好性格与行为习惯。</td><td></td></tr>
</table>

续表

课程结构			功能与指导要点	活动安排
基础性活动	游戏活动	互动式班级区域游戏	中班走班共享式区域活动：中班年段根据幼儿在自理能力、学习能力上有明显的进步与提高，并产生了较强的交往欲望和学习好奇心等特点，各班重点探索和实施“走班共享式”区域游戏。 引导幼儿打破班级界限，参与不同班级的特色区域游戏活动。教师共享不同班级的课程资源，呈现交互式的走班区域游戏状态，使幼儿在多元立体的对话互动中提高自主学习和交往能力，增强适应能力和规则意识。	每天 1～2 小时，根据活动需要进行。
			根据大班年段幼儿好学好问、合作意识逐渐增强、有独立解决问题和完成任务的强烈欲望等年龄特征和学习特点，各班重点探索和实施“任务导向式”区域游戏。 挖掘游戏、生活和主题中对幼儿发展有价值的问题，运用师幼讨论、幼幼互动、幼儿自主学习等形式引领幼儿明确任务目标，创设开放式的区域环境，以游戏任务为导向，充分满足幼儿自主学习、合作解决问题的需求，从而逐步养成良好的任务意识、责任意识和集体意识。	
	学习活动	推进式主题活动	推进式主题活动是“启点课程”主要的活动模式，主要包括“了解已有经验—丰富直接经验—整合提升经验—迁移运用经验”的四步骤流程，在某一时段内围绕一个中心话题，通过对中心话题中蕴含的问题、现象、实践等的探究，使幼儿获得新的、整体的、联系性的经验，形成经验建构的思维模式和问题导向的学习能力。四个步骤之间的周期不固定，可以在一个活动同时体现，也可能连续几个活动都在同一个步骤。	每天 1～2 小时，根据活动需要进行。

续表

课程结构			功能与指导要点	活动安排
基础性活动	学习活动	多元化领域活动	是“推进式主题活动”中的补充，使活动既兼顾幼儿自身的发展，又关注不同领域的核心经验和系统逻辑，进一步保障幼儿学习与发展的整体性。在选择活动内容时，尽量注意五大领域的均衡。多元化的领域活动，既可以是教师预设的，也可以是由幼儿自发生成，还可以是由师生共同产生，既可指向单领域，也可指向多维化的领域。	
	生活活动	盥洗	指个人清洁行为，旨在帮助幼儿掌握正确盥洗的方法，保持个人卫生，养成良好的清洁习惯。	每日生活活动。
		餐饮	包含幼儿园的午餐、两次点心、饮水等生活活动，旨在鼓励幼儿独立进餐（饮水），学习使用不同的餐具，做到不挑食，形成文明用餐（饮水）的习惯，培养幼儿健康饮食的意识与自理能力。	每日餐点活动。
		睡眠	指幼儿午睡，旨在培养幼儿自我服务的能力，学习整理自己的衣裤和鞋子，养成安静入睡的习惯。	每天2.5小时。
		劳动	指日常生活自理行为和简单的服务他人的活动，旨在激发幼儿乐意参加力所能及的劳动及幼儿完成值日生任务，养成良好的文明卫生及保护环境的习惯。	每日生活中。
		休闲	餐后或自由游戏时间，鼓励幼儿学习安排自己的休息时间，能够愉快地与他人相处，做出与环境相适应的行为，养成物归原处、爱护公物的习惯。	每日餐后游戏时间。

续表

课程结构		功能与指导要点	活动安排
拓展性活动	班级假日活动	遵循家长自愿的原则，每个班级以 8～10 个家庭为单位，组合成一个假日小队。每队的幼儿根据自己的兴趣爱好选择小伙伴，利用双休日或节假日，选择多彩的活动内容和生动活泼的组织形式定期活动，每学期每个班级至少完成 4 次以上假日小队活动。假日小队活动有共同话题、共同情趣和共同目标，为幼儿创造了一个学习、创新、独立、自主的成长氛围，能有效利用家长、社会的资源，是班级课程的有效延伸。	每学期亲子活动 4 次以上。
	社会实践活动	紧扣时代脉搏，与社会热点相结合，围绕已经发生和正在发生的事件，让幼儿从空间有限的园所中走出来，走进广阔的大自然和社会，增长知识，开阔视野，参加社会实践，学习各种知识技能，让幼儿在社会实践中学会生活，更好地从“自然人”成长为“社会人”。社会实践活动体现幼儿对自然的亲近，对生活的美好憧憬，对家庭的热爱，对亲情的珍惜，对友情的珍视，对和谐的追求等，具有重要的社会意义和人生意义。	每学期社会实践活动 1 次。
	月末娱乐活动	月末活动是秉持寓教于乐的宗旨，在每个月的最后一周，有目的、有计划、有步骤地组织全园幼儿参与的具有一定规模的大型活动。它是幼儿园课程的重要内容及载体，根据实际情况和幼儿的发展需要确定主题，种类丰富、形式多样，为幼儿搭建自我展示的平台，体现了课程的丰富性。月末活动将传统的舞台化转变为生活化，由形式化转变为课程化，通过适宜的活动达到事半功倍的教育效果，同时让月末活动成为幼儿童年的美好回忆。	每月月末 1 次。

续表

课程结构		功能与指导要点	活动安排
拓展性活动	节庆主题活动	筛选、分析各类节日，甄别不同节日的核心价值，梳理出一系列适合幼儿参与的传统节日、现代节日和幼儿园特有的节日活动。有的节庆主题活动可在单一年段开展，有的则可以全员参与或某个年龄段同时开展。小班重在感受节庆氛围，中班侧重体验实践，大班把握自主参与。	每学期 1～2 次。
	德育专题活动	专题周可以是围绕某一特定节日主题开展的集中活动，也可以是围绕环保、安全等特定主题开展的为期一周的活动。如“环保周”“消防安全周”“爱国周”“推普周”等。各年段幼儿都参与其中，根据班级的不同特点和专题周内容的不同侧重点来开展活动。	每月 1～2 次。

1. 基础性课程的实施途径。

（1）生活活动。

生活活动实施框架

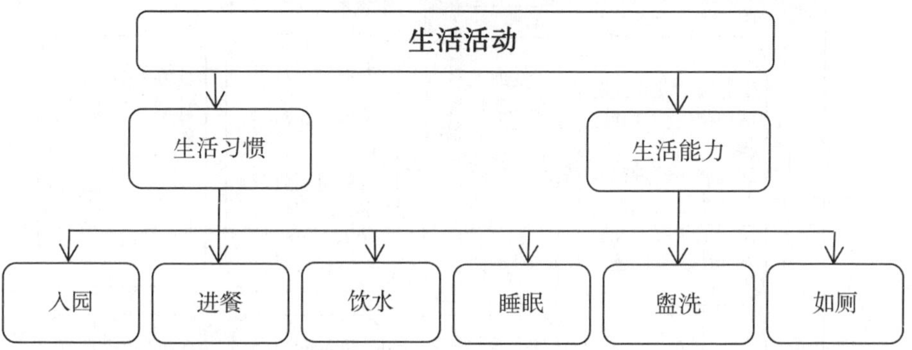

幼儿每日在园的生活活动包括入园、进餐、饮水、睡眠、盥洗、如厕等，幼儿在生活活动中每一个环节的表现，如“问候”“将自己的物品放置储物柜”等诸多活动都能反映其发展情况。

（2）学习活动。

学习活动要帮助幼儿感受学的乐趣，体会学的奥妙，引发学的动机。包含推进式主题活动、多元化领域活动、互动式区域活动三部分内容，是教师有计划地为幼儿提供有助于其更好地进行主题探究或从事其他活动所需经验的活动。学习活动的产生源于保教人员对幼儿活动的观察和对幼儿发展需要的评估。学习活动的场所、幼儿人数不必固定，既可以在室内，也可以在室外，既可以在室内的集体活动区域，也可以在某个学习区角进行；人数上，既可以面向全班幼儿，也可以针对部分幼儿或个别幼儿。

①推进式主题活动。

推进式主题活动实施框架

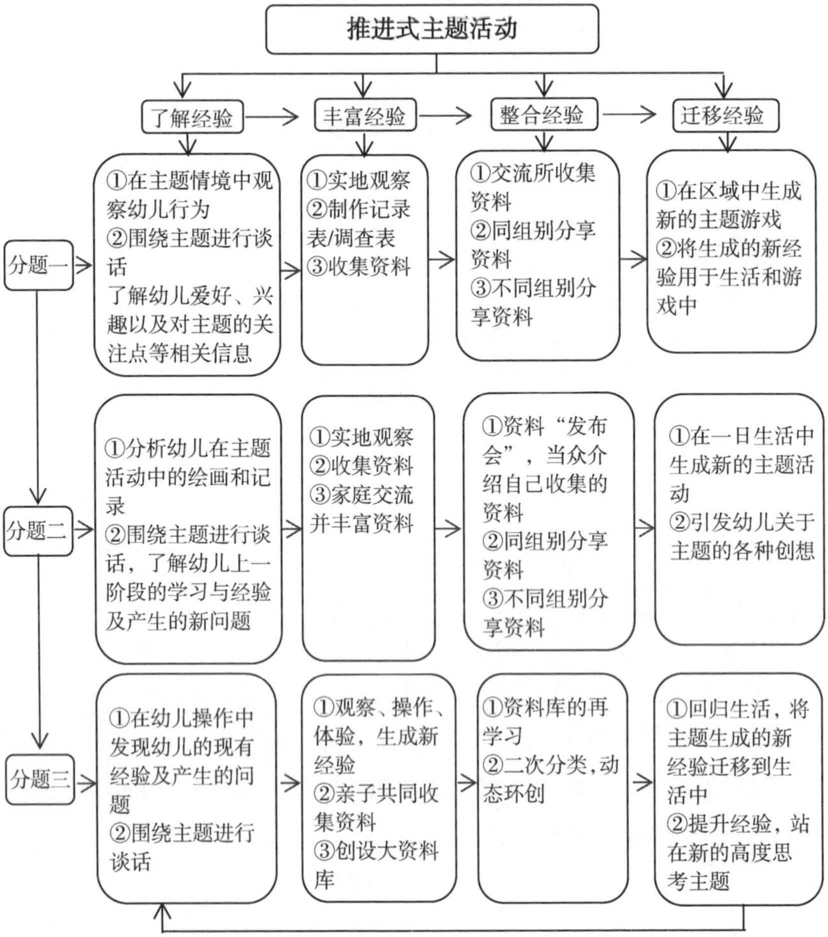

推进式主题活动

了解经验 → 丰富经验 → 整合经验 → 迁移经验

	了解经验	丰富经验	整合经验	迁移经验
分题一	①在主题情境中观察幼儿行为 ②围绕主题进行谈话 了解幼儿爱好、兴趣以及对主题的关注点等相关信息	①实地观察 ②制作记录表/调查表 ③收集资料	①交流所收集资料 ②同组别分享资料 ③不同组别分享资料	①在区域中生成新的主题游戏 ②将生成的新经验用于生活和游戏中
分题二	①分析幼儿在主题活动中的绘画和记录 ②围绕主题进行谈话，了解幼儿上一阶段的学习与经验及产生的新问题	①实地观察 ②收集资料 ③家庭交流并丰富资料	①资料“发布会”，当众介绍自己收集的资料 ②同组别分享资料 ③不同组别分享资料	①在一日生活中生成新的主题活动 ②引发幼儿关于主题的各种创想
分题三	①在幼儿操作中发现幼儿的现有经验及产生的问题 ②围绕主题进行谈话	①观察、操作、体验，生成新经验 ②亲子共同收集资料 ③创设大资料库	①资料库的再学习 ②二次分类，动态环创	①回归生活，将主题生成的新经验迁移到生活中 ②提升经验，站在新的高度思考主题

推进式主题课程来源是多样化的。主要来源于：幼儿感兴趣的社会生活事件、幼儿自身的生活事件；保教人员基于对幼儿活动的观察发现的有探究价值的主题；文学作品；某学科或领域。各班级应根据幼儿的年龄特点、发展需求、兴趣及可利用的资源条件制订主题计划并实施。

②多元化领域活动。

多元化领域活动是幼儿和教师之间相互呼应而生发出来的，是动态的、开放式的，它既反映了幼儿的生活、经验及在家庭和社会中所受的环境影响，也凝聚了教师对幼儿的充分了解和研究结果。教师要根据幼儿年龄特点，从本班幼儿的实际出发，灵活采取个别、小组、集体的教育教学组织形式，在动态的活动过程中作出决策，不断调整自己的设想和计划，让幼儿成为活动的主动建构者。

（3）游戏活动。

“启点课程”是倾听的课程，是开放的课程。在游戏中，教师需要投入情感、态度、体验、价值判断等多方面内容；需要呈现独特的人格魅力、聪颖的智慧、完整的生活阅历与体验；需要保持理智，热情满怀、充满激情地参与到与幼儿的对话中。“启点课程”充分尊重幼儿的游戏权利，每日课程安排中确保幼儿有充足的时间游戏。除了幼儿自发、零散的游戏外，正式被纳入课程中的游戏活动包括：

①互动式班级区域活动。

为支持幼儿自主学习、个别化学习而精心创设的各个区域，是“启点课程”的重要组成部分。各学习区域有清晰的目标，独具吸引力和美感，并提供符合幼儿发展水平的、有趣的且有探究价值的丰富材料。

A. 小班“家园同步式”区域活动

小班“家园同步式”区域活动实施框架

家园互动	确定区域	同步创设	资源共享	实施操作
1. 通过班级 QQ 群、微信群、家长个别约谈等，了解幼儿已有经验和发展水平。 2.与家长交谈，交流幼儿园对幼儿自理能力的培养目标和方式，向家长宣传科学育儿的方法。	1.小班上学期以培养幼儿自理能力为主，可以选择“娃娃家”、生活区等进行“家园同步”互动。 2.小班下学期可依据本班幼儿的兴趣及家园互动发展情况拓展更多的区域，例如美工区、操作区、阅读区等。	1.小班上学期以“娃娃家”为主；小班下学期可拓展其他区域。 2.建议家长进行环境同步、材料同步、资源同步等。	1.小班上学期，制作关于吃饭、漱口、穿脱衣服、折衣服、穿脱鞋袜等生活能力的视频，在年段微信群中共享，并分享到各班微信群中，鼓励家长在家指导幼儿，通过家园同步习得生活技能。 2.小班下学期，各班可将本班区域同步情况的照片及视频在群里分享，引发教师的共同探讨及对下一阶段工作的启发。	1.小班上学期，每月制订生活自理目标，由易到难，循序渐进。在“娃娃家”里依据每月不同目标开展“我会叠衣服”“文明进餐好宝宝”等游戏，同时利用家园同步册、主题环境创设“在园在家一个样”等有效促进家园同步。 2.小班下学期，依据各班不同区域，开展“棒棒小画家”“角落故事会”等活动，进一步提高家园互动的有效性。

B. 中班“走班共享式”区域活动

中班“走班共享式”区域活动实施框架

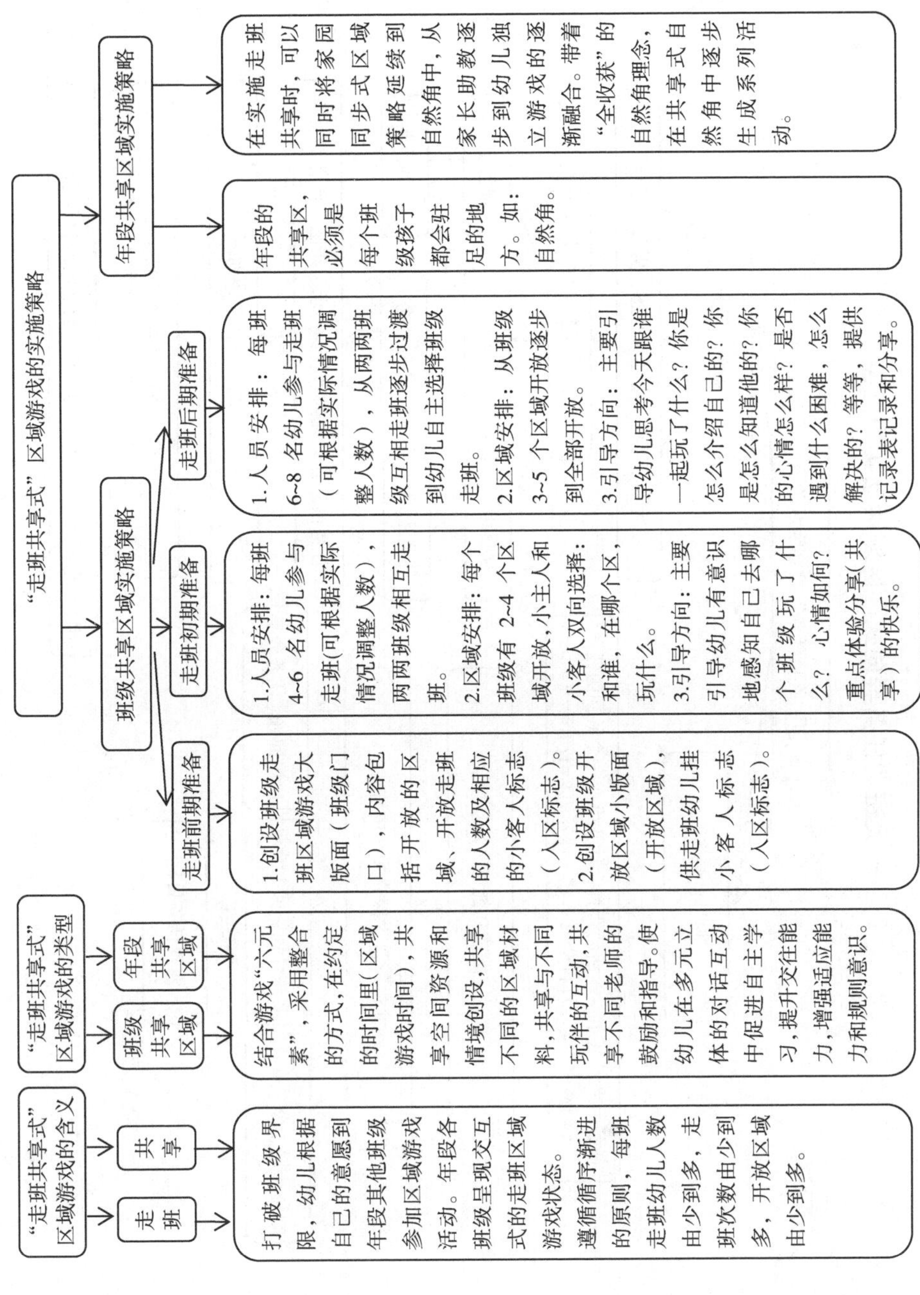

C. 大班“任务导向式”区域活动

大班“任务导向式”区域活动实施框架

- 以“终极任务”贯穿区域游戏
  - 隐性的任务
    - 学习品质（善良、集体荣誉感、勇敢、感恩……）
    - 幼儿自主调查、自由组队
      - 项目组一 → 小组任务
      - 项目组二 → 小组任务
      - 项目组三 → 小组任务
    - 任务由来：幼儿的兴趣、需求、想法，同伴的委托
    - 制订月任务计划
    - 制订周任务计划
      - 制订计划、分工合作
      - 实施计划、自主游戏
      - 反思回顾、任务分享
  - 显性的任务
    - 任务由来：基于主题活动背景，幼儿生成一个共同的任务（做一本线装百科全书；建一座彩虹图书馆……）
    - 创设主题或功能型区域环境
    - 幼儿进行自主探究式区域游戏
      - 制订计划、分工合作
      - 实施计划、自主游戏 → 实现任务目标
      - 反思回顾、任务分享

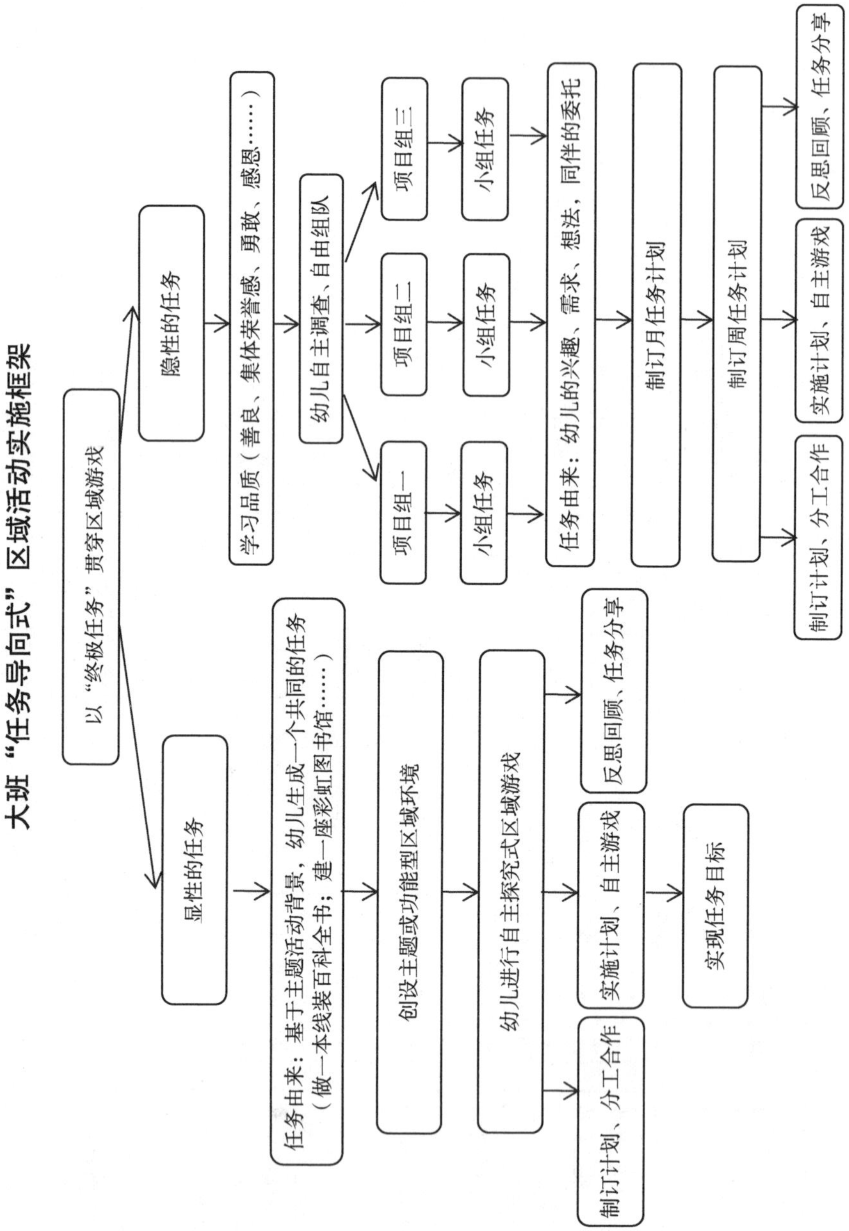

活动区域可以按照功能区命名，如：语言区、生活区、操作区、建构区、科学区（益智区）、数学区、表演区、美工区、角色区等。也可以按照主题区命名。

②自主式户外混龄游戏。

自主式户外混龄游戏实施框架

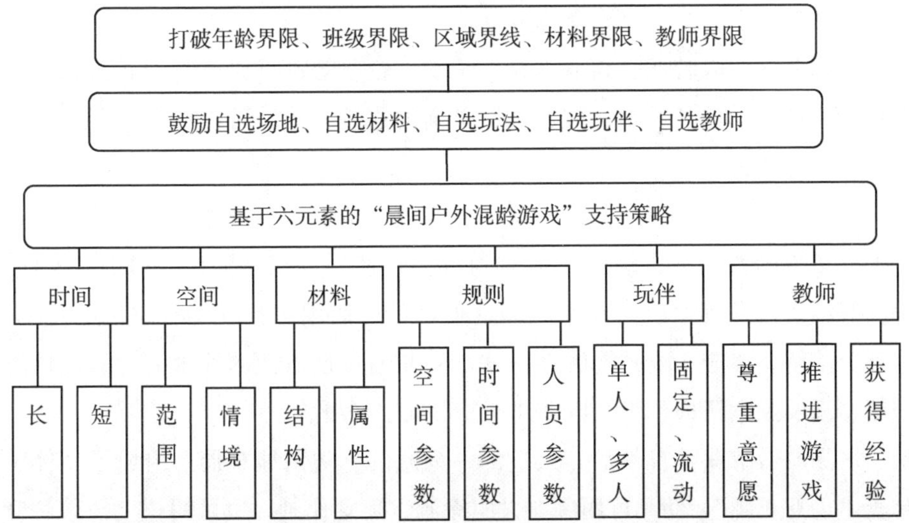

·骑行区游戏：在中操场上，幼儿可以利用防护栏自由组合并规划车行道，教师提供各种类型车辆、行车路线标志、交通标志牌等开展骑行运动，使幼儿有机会运用不同部位的肌肉，发展协调性，获得运动经验，发展空间知觉和判断能力，产生独立感和自豪感，同时熟悉基本交通规则。

·树屋区游戏：倚榕树造型而建的树屋，幼儿可在上面观景，可顺滑梯而下，还可荡秋千。波浪木阶拾级而上，小帐篷随意散落。玩累了，幼儿可到树屋一侧的休憩小屋、造型小椅上坐一坐，或站在小拱桥上谈谈心，或用小木塞子组合图形，放松情绪。

·器械区游戏：将大型蜂巢玩具和木质体能锻炼设施巧妙组合，融合多样的体能运动功能。幼儿可在吊杆上攀爬，在蜂巢中钻爬，在平衡木上行走，在蹦床上跳跃，在滑道上滑车等，在发展冒险精神的同时促进身体协调能力的发展。

·荡桥区游戏：荡桥区融运动和游乐为一体，帮助幼儿在游戏中增强体能。手动齿轮传输装置的可控升降梯，浮动木桥、隧道钻桥、索桥、单绳荡桥各具难点，同时单元间又相互关联，发展幼儿钻、爬、荡、跳、滚、滑的技能以及身体的柔韧性、协调性等。

·野战区游戏：幼儿可以搭建营区，完善装备，穿着迷彩服、“防弹衣”模拟在游戏中学会合作、分享与担当。

·梯凳轮胎区游戏：高低木梯、长凳、轮胎等都可以成为幼儿进行创意架构的材料，设计各种攀、爬、钻、平衡的连锁游戏，可以帮助幼儿锻炼体能和发挥创造力。

·沙水区游戏：户外船景沙区、三浴嬉水池、沙画沙池、建筑沙池等都是幼儿最爱的游戏场。幼儿可通过挖洞、筑造、铲挖、拍打、倾倒、堆塑、筛滤等活动，发展大肌肉与小肌肉动作，也可运用工具获得有关水的流动、沉浮、溶解、渗透、凝固等感性认知。幼儿通过创造性的沙水活动满足情感情绪、激发探索精神、培养自主性，并形成空间概念。

·涂鸦区游戏：自然的、人造的、刻意的、随意地布局，组成了“体验与美术创意长廊”，幼儿可用颜料大胆涂鸦、随意作画，也可用树上掉落的叶子或者鹅卵石进行组合拼画，充分发挥想象进行创意表现。

·积木区游戏：提供丰富的积木搭建材料，鼓励幼儿结合自己已有的生活经验进行巧妙构思、合理布局，运用垒高、架空、围合、对称等方式反映周围生活，是融操作性、艺术性、创造性于一体的游戏。

③个性化功能室游戏。

个性化功能室游戏实施框架

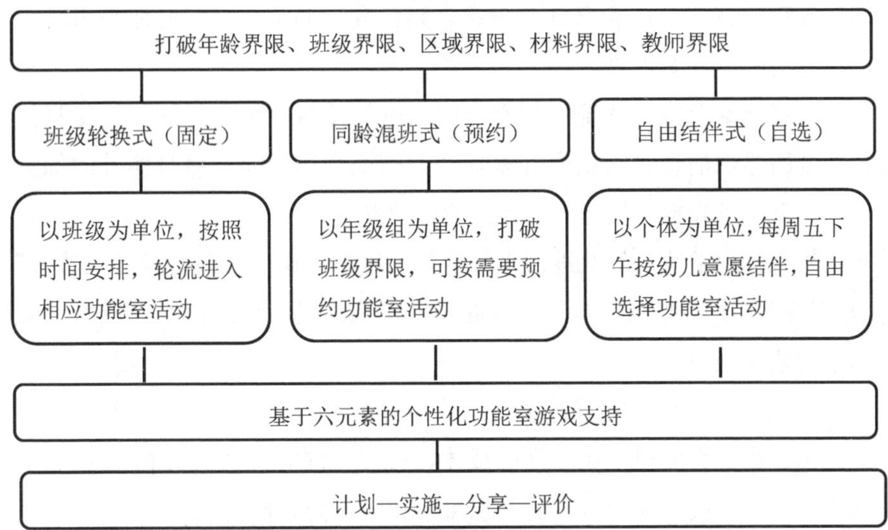

· 沙盘室游戏：设置四个沙盘游戏池，分别装有干沙和可塑性沙，幼儿可自选军事类、动物类、海洋类、人物类、植物类玩具模型和可拓印的模具等游戏材料，既可以自由地完成沙盘，也可以根据一定的主题制作主题沙盘。

· 健脑室游戏：开展棋类、拼图类等益智类游戏，促进幼儿潜能开发，幼儿在玩中发展思维能力和独立思考能力，锻炼观察力、注意力、记忆力、想象力、分析判断力。

· 科学室游戏：室内设置融合科技元素的编程区、物质科学区、生命科学区、光电区、标本区、管道区、玩水区等不同区域，幼儿可以通过自身的感知和操作，探索科学的奥秘，激发科学探究兴趣。

· 建构室游戏：幼儿可以按自己的需要、兴趣和意愿运用各种建构材料和玩具，进行建筑、构造游戏，激发幼儿对周围事物的观察兴趣，发展幼儿的动手能力、想象力和创造力，并体验游戏的乐趣。

· 木创车间游戏：木创车间陈列锤、刨、锯、钻、锉、磨、凿等专业木工工具及许多半成品木材，通过认识材料、工具，再到对作品精细度、完整度的创作，完成一系列手脑配合的活动，能有效培养幼儿专注力，促进空间想象力、数学逻辑思维及创造力的发展。

·美食工作坊游戏：美食工作坊是真实的生活体验馆，幼儿化身小厨师，学习制作食物的技艺，体验烹饪的乐趣，感悟食物的文化，同时体验劳动的快乐，学会与同伴分享食物。

·感觉统合室游戏：感统室配有专门的感统器材，游戏时幼儿能将身体器官各部分的感觉信息输入组合起来，经大脑统合作用完成对身体外的知觉做出反应，发展感知觉，促进其身体机能协调发展。

·畅想小舞台游戏：幼儿进入小舞台艺术世界，通过参与“我是主持人”“中国好声音”“才艺秀”等不同特点的主题游戏活动，增强感知与欣赏、表现与创造的艺术能力。

·创新思维馆游戏：运用情境引发幼儿对游戏内容的相关认知经验，采用自主建构游戏作为体现创新思维的载体，过程中同时渗透 STEM 元素和正确的价值观。在解决问题中激发幼儿想象力和创造力，同时提高语言，思维、合作、观察等多方面能力。

·小社会角色馆游戏：在社会角色体验馆里，幼儿可以选择自己喜欢的职业，通过模拟和体验成人的职业，了解和接触真实的世界，激发幼儿与同伴交往、游戏的兴趣。

·多感官阅读室游戏：创设宁静舒适、宽松自由的阅读环境，提供生命教育、动植物、科技等各类图书，打破传统阅读模式，融入多媒体技术的“视听书”，满足幼儿的不同阅读需求，充分调动幼儿视觉、听觉、嗅觉、味觉、触觉等多种感官进行深度阅读，并通过游戏互动的方式激发阅读兴趣。

·创意美术声动室游戏：美术室是一个富于美感、有视觉刺激的艺术氛围环境，室内划分为沙画区、陶艺区、泥匠区、涂鸦区、美术区、手工区等不同创作空间，幼儿可体验各类艺术创作形式，尽情创作，充分感受各种艺术创造带来的乐趣。

2. 拓展性课程的实施途径。

拓展性课程是一座架在学校、家庭、社会之间的桥梁，服务于幼儿园教育，也是幼儿园课程整体性、平衡性优化的需要。

（1）班级假日活动。

班级假日小队活动实施流程

计划活动		实施活动	回顾活动
1. 小班幼儿入园初，建立班级假日小队。 2. 以自愿为原则，8~10 个家庭组成一个单位假日小队。 3. 每班成立 4 个左右小队。 4. 确定假日小队活动时间（双休日或节假日）。	1. 假日小队组长宣布活动主题，召集参与的队员。 2. 规划活动内容、时间及活动地点。 3. 准备小队活动事宜。	1. 小队组长确定实际参与人员。 2. 按照预设计划开展活动。 3. 拍摄幼儿活动照片及合影。	1. 整理小队活动材料。 2. 填写假日小队活动记录表。 3. 班主任汇总材料。

（2）德育专题活动。

专题周活动实施流程

确定专题内容	专题组织形式	专题组织流程
1. 节日周活动。 2. 专题周活动。 3. 环保周活动。 4. 安全周活动。 5. 爱国周活动。 6. 消防周活动。	1. 亲子活动。 2. 实践体验。 3. 游戏活动。 4. 参观访问。 ……	1. 分析幼儿年龄特点。 2. 确定侧重点，选择适宜的组织方式。 3. 制订专题活动计划。 4. 组织实施，收集活动资料。 5. 整理专题活动资料。

（3）节庆主题活动。

节庆活动实施流程

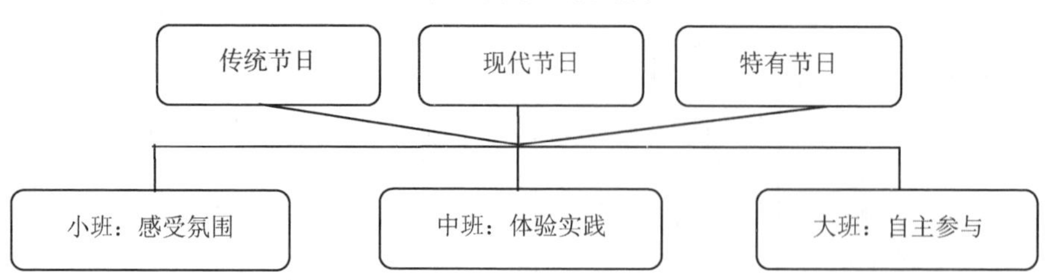

（4）社会实践活动。

社会实践活动实施流程

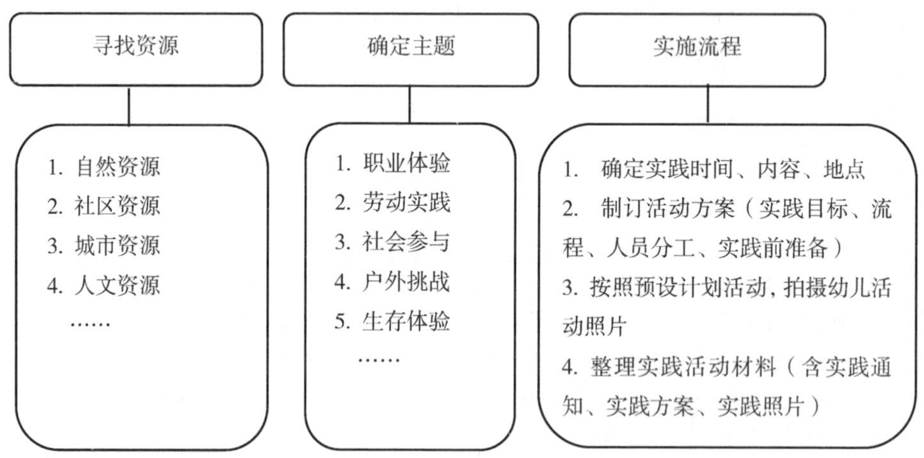

五、课程评价

本园依据《幼儿园工作规程》《幼儿园教育指导纲要（试行）》《3～6 岁儿童学习与发展指南》《幼儿园教师专业标准》《厦门市幼儿园保教质量指导要求》等课程文件研制评价标准，课程评价主要包括课程方案评价、课程实施评价和课程效果评价。

课程方案评价主要来源于专家的点评、专业机构评估和课程核心小组在实践中的适时调整。每三年邀请一次第三方（专家或专业机构）对课程实施方案进行文本评估；课程核心小组每学期召开一次“启点课程”实施方案调整研讨会，每学年形成一份《“启点课程”实施方案调整反馈报告》。

课程实施评价主要是考查和评定课程实施过程中的动态因素，主要包含环境的创设与利用、游戏活动的支持与引导、一日生活的组织与保育、教育活动的计划与实施、人际互动五个方面的评价，分三个等级提供评价指标。

课程效果评价主要分为幼儿发展观察评价与教师发展观察评价。对于幼儿发展观察评价，一幼结合幼儿实际情况，运用“一幼星的100件事”记录表，从多角度进行考量，清晰记录下课程实施的经过，使幼儿从被动接受评价转变为评价的主体和积极参与者。教师发展观察评价采用课程故事、教学叙事、教师专业发展档案等多样化方式，更加客观清晰地呈现教师的发展变化。

第二节 厦门市第六幼儿园“生命教育”课程实施方案①

一、课程背景

（一）在传承中创新

厦门市第六幼儿园（以下简称“六幼”）创办于1961年，是厦门市老牌的省级示范性幼儿园，地处厦门市沙坡尾，受到地域文化影响，孕育了“温暖、灵动、尊重、感恩”的幼儿园文化。近五年来，六幼遵循“以游戏彰扬天性，以书香启发理性”的教育理念，开展了“生命关怀教育”的专题研究，并渗透于游戏活动、阅读活动、乐高活动、蒙氏活动、生活活动、运动活动等方面。

（二）应时代的呼唤

关注生命、珍爱生命、实现生命价值，是人类社会所关注的永恒话题。然而，受教育功利主义的影响，升学的压力正渐渐从高中、初中下移到小学、幼儿园。在许多幼儿园中，成人的功利思想侵蚀着这片欢乐的净土，漠视了幼儿对生命的灵动体验，压抑了幼儿的生命活力。这些都是亟需我们严肃面对和审慎思考的问题。作为幼师，我们肩上负有生命续存与发展的重托，需引导幼儿在接触生命、感受生命的过程中，学会尊重、关爱生命。

（三）为儿童点灯

许多幼儿已开始注意到周围人的生老病死、花草树木的生长和凋敝，在日常生活中开始关注“我从哪里来”“死亡是怎么回事”“花儿为什么谢了”等问题，这些均为生命教育提供了契机。李季湄教授指出：“为儿童点灯，这个使命我们一定要牢记。”我们认为，生命教育也是一种“点灯”教育，它既关乎人的生存与生活，也关乎人的成长与发展，更关乎人的本性与价值。

---

① 本方案来源于厦门市第六幼儿园江旭琳、张燕君。

基于此，园领导引入专家指导，并经过深入调研、思考、交流，以原有的“生命关怀教育”为基础，丰富其内涵与外延，确立了“生命教育”办园思想，提出“让生命之花绽放光彩”的办园宗旨，梳理提炼园训、园风，引领全体教职员工共同呵护与涵养稚嫩而蓬勃生发的小生命。

二、课程内涵与课程理念

（一）课程内涵

基于对生命的理解，六幼倡导的“生命教育”是“尊重生命法则、激发生命潜能、绽放生命光彩”的教育。

尊重幼儿的年龄特点和个体差异，重视生命的法则，建立发展性评价系统，细细倾听每朵花慢慢开放的声音，促进幼儿在原有水平上获得“最近发展区”的发展等。

努力让幼儿的生命在教育生态系统各个因子的影响中获得滋养，在感知体验中熏陶浸润，鼓励幼儿提出想法、发现问题、解决问题，在过程中执着坚持，体验成功与失败，像苔花一样经阳光雨露风吹雨打，生发坚韧，绽放自己。

为幼儿提供展示创造的平台，记录幼儿生命成长的足迹，让幼儿在生命教育中感受、迁移、创造，实现生命的价值，回归生命的本真，突显生命的灵动。

陶行知“生活教育”的三大原理，即“生活即教育”“社会即学校”“教学做合一”反映了其对生活和教育关系问题的认识，启示六幼“生命教育”实践应“回归生活”，使幼儿获取感性的有关动物、植物、人、身边熟悉的社会事件的知识和经验，培养幼儿对自然界的兴趣，激发幼儿探究生命奥秘的欲望，理解生物自然环境的关系。

（二）课程理念

六幼倡导“关注生命成长，回归生活体验，像节庆般欢乐，让绽放看得见”的课程理念。一是强调对个体生命成长的关注，重视创设利于幼儿生命成长的环境，尊重生命成长的过程性、规律性、差异性，促进幼儿自由、健康地成长，促进教师职业和个体生命的充实和升华；二是课程要面向幼儿的生活体验，联系幼儿的生活现实；三是以游戏为基本活动，每天的游戏与生活是一个个小节庆，每月的“感恩生命生日节”、每学期的“生命之花绽放节”是一个个大节庆，让幼儿每天、每月、每学期都感受到节庆般的欢乐，并在欢乐中实现生命绽放；四是重视为幼儿的成长提供多种展示平台，展示内容包括幼儿的言行举止、成长过程和成果以及教学与幼儿的联系。

三、课程目标

教育之“育”应当从尊重生命开始，使人性向善，使人胸襟开阔，唤起自身美好的善根，为此，六幼倡导的“生命教育”遵循“唤醒、润泽、激扬、臻美”的教育准则，通过对生命本质的探求，让幼儿感受生命的美丽、神奇，体验生命的美好，学会尊重和关爱生命，培养积极向上的情感；努力照顾自己、关注他人和世界，了解生命的价值和意义，为今后有意义的人生打下终身基础。

生命教育课程总目标：六幼生命教育课程致力于培养健康活泼、悦读乐道、温暖友善、聪慧好奇、灵动多彩的幼儿，促进幼儿实现自身生命主体的成长。

“生命教育”课程总目标

四、课程内容与审议原则

（一）课程内容

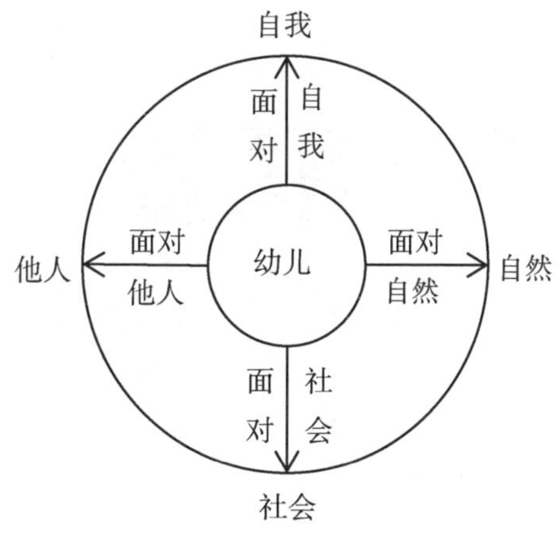

六幼生命教育课程内容体系

六幼生命教育课程内容由生命与自我、生命与他人、生命与自然、生命与社会这几个方面构成，这是根据幼儿生命教育基本学习课题或问题来划分的，是以幼儿的学习经验为中心来组织的。教师通过为幼儿创设指向课程目标的富有教育性的环境，提供相应内容模块的学习材料和学习机会，注重让幼儿在生活和游戏情境中，在与环境材料的接触、与他人的沟通交流中，发现学习的基本态度、基础知识，掌握基本技能和基本行为方式，有机整合健康、语言、社会、科学、艺术领域等全面发展的教育内容。

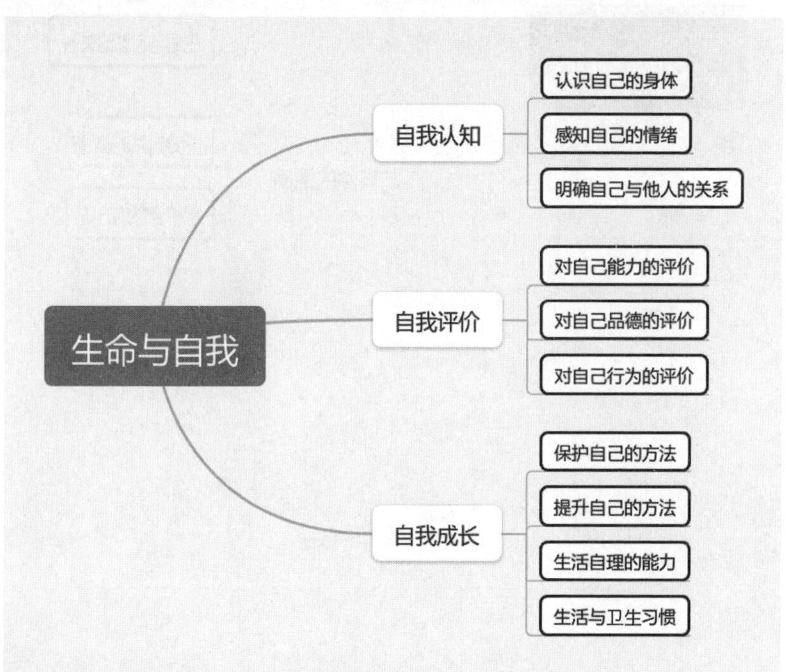

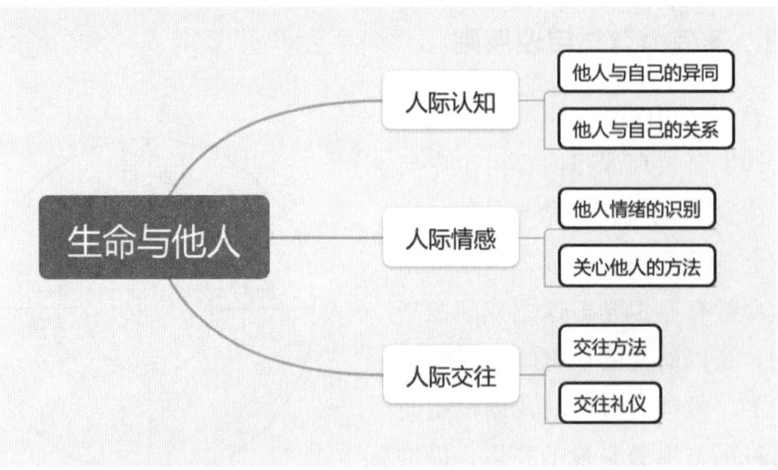
生命与他人
人际认知
他人与自己的异同
他人与自己的关系
人际情感
他人情绪的识别
关心他人的方法
人际交往
交往方法
交往礼仪

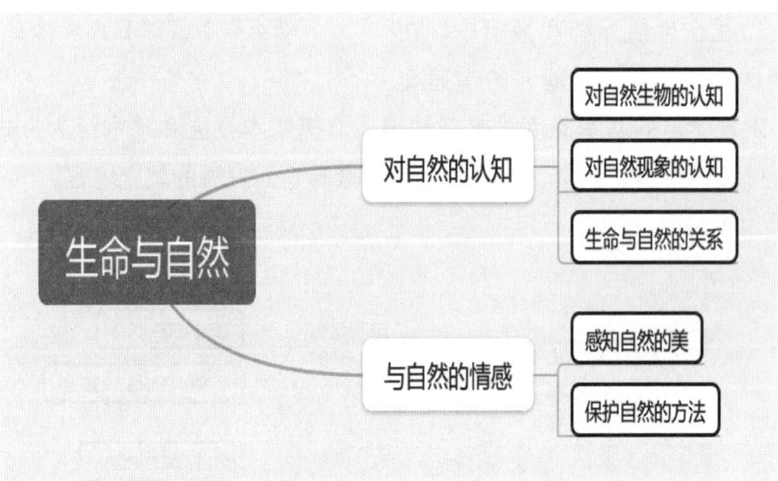
生命与自然
对自然的认知
对自然生物的认知
对自然现象的认知
生命与自然的关系
与自然的情感
感知自然的美
保护自然的方法

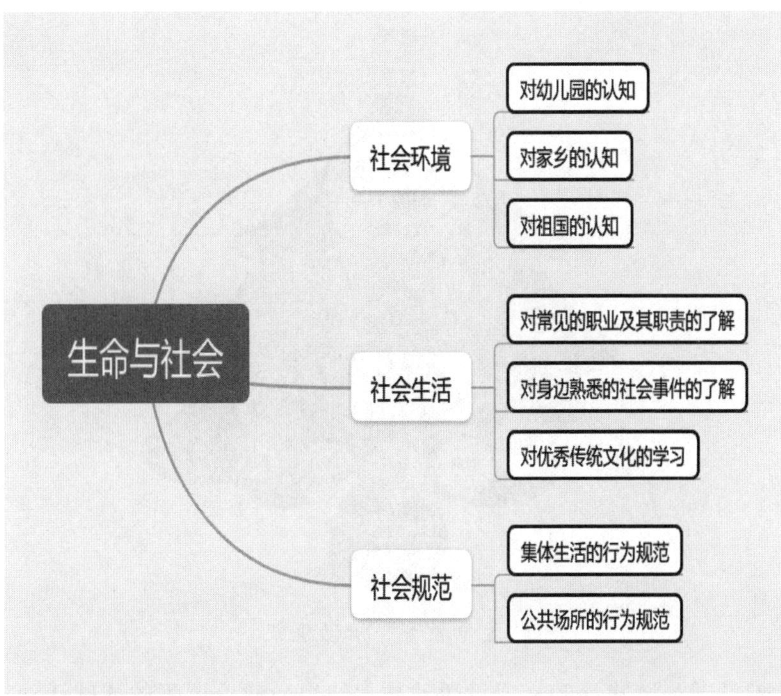

（二）课程内容的审议原则

结合六幼生命教育内涵和课程内容的取向，教师在选择课程内容时需遵循一定的原则，以保证内容符合课程目标的方向与要求，满足并促进幼儿生命的发展。课程内容的选择应遵循发展性原则、适宜性原则、经验性原则、兴趣性原则、目的性原则，教师选择课程内容时应至少满足一种原则。

五、课程实施

（一）“生命教育”活动框架

"生命教育"活动框架

生活活动、游戏活动、项目活动是六幼生命教育课程的基础活动。其中生活活动和游戏活动每日均需开展，以保障幼儿的均衡发展；项目活动则由各班教师根据幼儿在游戏与生活中的兴趣和需要生成探究活动，以集体或小组活动形式开展，给予教师和幼儿充分自主性。

"感恩生命生日节"和"生命之花绽放节"为生命教育课程的特色活动。前者每月开展一次，后者一学期开展一次。特色活动是为幼儿自主、自信、综合的表现搭建平台，以展示他们在生活与游戏中学习成果、同伴之间的尊重友爱与协作、对父母与师长的感恩之情等。特色活动是幼儿、教师、家长共同参与的活动，是幼儿与环境材料、幼儿与幼儿、幼儿与教师、幼儿与家长、教师与家长多方互动，生命体共构共享的活动。

（二）活动实施指南

六幼以《幼儿园保育教育质量评估指南》为引领，依据厦门市《幼儿园保教质量监控指导手册》，立足班本课程的生发与实施实践需要，组织骨干教师定期开展专项研讨，根据生命教育课程主要活动实施指引。主要包括生活

活动、游戏活动、项目探究活动、感恩生命生日节、生命之花绽放节等活动。

“感恩生命生日节”活动案例

生日是生命的起点，庆祝生日是幼儿非常喜爱的活动。“感恩生命生日节”是我园每月为本月生日的幼儿集体过生日的活动。通过幼儿和家长、教师的前期筹备，生日节上寿星小绽放、欣赏成长相册、把爱“说”出来、赠送礼物、分享蛋糕、表达心愿等环节，让幼儿感恩生命可贵、展示生命成长的活动。

具体实施建议如下：

1. 观察与发现。

每月要对当月过生日的小寿星进行观察，捕捉幼儿在游戏和生活中的闪光点与不足，了解小寿星的特点、强弱项、愿望、各领域发展情况等，并积极地给予支持。同时要引导其他幼儿倾听小寿星的愿望和想法，使他们学会体贴、关心他人，也要引导其他小朋友发现小寿星的闪光点，加深对同伴的了解。

2. 指导幼儿制订计划。

鼓励支持幼儿根据自身情况，用自己喜欢的方式为实现愿望制订较合理、可行的计划。教师帮助小班幼儿制订简单的计划；为中班幼儿提供订计划的方法，引导他们按照自己的想法制订计划；支持大班幼儿按照自己的想法制订计划。

3. 筹备与支持。

家庭和幼儿园要共同为幼儿创设温暖、关爱的生日会氛围，做好情感铺垫，帮助幼儿回忆、梳理这一年来自己的进步和亮点，选择自己最感兴趣的内容在生日会上呈现，让幼儿在充满爱的氛围中获得自主、自尊与自信。

组织其他幼儿为小寿星筹备生日会，如：制作生日礼物、选拔生日会主持人、布置生日会场等。引导幼儿倾听小寿星的愿望和想法，并能想办法帮他们实现，如制作礼物、做一件让小寿星感到温暖的事情等。

指导家长为小寿星制作成长相册集。小班的成长相册集内容可以是幼儿从出生到入园期间的成长轨迹；中大班的相册内容建议展示幼儿在园取得的进步和成长历程。

4. 整理成长档案。

生日会结束之后，教师总结小寿星这一年来的成长，为每个小寿星制作独一无二的成长档案。成长档案可包括：教师对幼儿的成长观察记录、幼儿愿望、教师帮助幼儿制订计划的过程、幼儿实现愿望的成长故事、同伴祝福及筹备生日会的故事、家长为小寿星做的事情及祝福、幼儿的新愿望及生日会体验等。

六、课程评价

（一）生命教育课程评价的价值取向

生命教育课程评价充分考虑对幼儿生命价值的尊重和对幼儿个体需要的尊重，呵护幼儿的生命，促进幼儿全面、和谐、充分自由发展。评价的根本目的是了解幼儿的实际发展情况，使教师能够针对幼儿的需要、特点及个体差异，选择教育活动的目标、内容、活动形式和指导方式。它遵循评判幼儿情况、调整教育行为、促进幼儿发展的思路，基于评价对象的过去，重视评价对象的现在，更着眼于评价对象的未来。

（二）生命教育课程评价的内容与方法

生命教育课程评价以三大基础性教育活动为基础，对幼儿发展、教师指导等情况进行过程性评价。同时，在学期中、学期末制订《幼儿发展评估表》，对幼儿进行阶段性评价。评价指标涵盖项目活动、游戏活动、生活活动等目标，根据幼儿年龄特点和实际情况进行表述，可操作性较强。《幼儿发展评估表》发放至家长手中，确保每一位家长了解幼儿在园的发展情况，及时与老师沟通交流，促进评价主体多元化。课程评价采用自评与互评相结合的评价方式，遵循客观性、科学性、主体性、阶段性的评价原则，以促进教师自身成长和全面发展为最终目的。

1. 生活活动评价。

教师可对照《厦门市第六幼儿园教师、保育员生活指导检核与反思表》，在日常教育工作中不断进行自我检核与反思，并对幼儿的常规进行评价，及

时发现自己工作的成功之处和需改进的方面，不断提高组织生活活动的能力。

2. 游戏活动评价。

（1）体育游戏评价。

每学期定期开展体育游戏观摩活动，鼓励教师运用各个活动的检核表，互相观摩，及时教研，共同进步。

（2）区角游戏评价。

区角游戏评价内容主要包括游戏条件、教师指导、幼儿发展。围绕三个维度制订《区角游戏活动评价检核表》，鼓励教师通过自评、定期观摩、互评等方式对区角游戏进行评价，最终实现区角游戏水平的提升和教师、幼儿的共同进步。

3. 项目活动评价。

项目活动初始阶段，教师需要进行思考和判断：这一项目活动对幼儿的价值是什么？活动是否能使幼儿成为主动的学习者？项目活动是否具有挑战性和整合性？通过项目活动评价，教师能够发现每个幼儿不同的智能结构和个性特点，及时对幼儿身心发展状况进行评估，避免机械地参照标准值进行比较，做到因地制宜，因材施教。这不仅有利于提高教师研究幼儿发展与提供适宜教育的能力，而且能让每个幼儿得到富有个性的发展。根据不同的情境，教师可选择恰当的评价方法。

（1）分享交流，梳理经验。

项目活动强调通过师幼合作来推进活动。当教师发现幼儿的问题时，以恰当的方式引导幼儿不断回忆活动的情景，分享项目活动经历，帮助幼儿聚焦某一个问题，探索、发现自己的问题所在，在此过程中不断梳理和提升经验，进一步激发幼儿积极主动探索、思考的热情。

（2）建立档案，评估活动。

建立活动档案，记录一段时间内幼儿在项目活动中的学习与发展，可以用文字、照片、视频、录音等多种方法进行记录，记录下来的活动档案可以用来评估幼儿在项目活动中知识、能力和学习品质的发展情况。建立档案不是简单的信息罗列，而是要将这些资料与幼儿及其父母交流与共享。建档的目的是基于观察和对记录的信息进行分析交流，发展幼儿的社会认知、探究发现等能力。

（3）作品分析，了解发展轨迹。

在项目活动中，最常用的评价方式是对幼儿项目学习单、记录单及各类美工作品进行分析和评价。教师可以根据项目的进展设计一系列学习单，让幼儿通过绘画的表征手段来表现自己对项目的理解。通过对幼儿活动作品，如绘画、日记等进行分析研究，教师可以了解幼儿的成长变化，包括其学习特点、长处或弱点等，得到许多关于幼儿智能发展的资料，以此推断幼儿的兴趣、爱好等。

（4）记录课程故事，关注成长进步。

课程故事使项目活动评价更为真实、科学、有据可依。教师可以用表格、日记、回忆录、照片等，让课程故事更为生动丰满。在学期中，教师可以选择恰当的方式记录项目活动，学期末时在教师间举行以项目活动为基础的课程故事的分享与交流活动。

4.“感恩生命生日节”活动评价。

（1）寿星版（以小班为例）。

活动环节	评价指标	教师评价		
		真棒	很好	加油
前期准备	1. 能用涂鸦、粘贴、拓印、剪直线等方法制作心愿卡。			
	2. 能在老师和家长的帮助下，为生日会制订简单的计划。			
	3. 愿意说出自己的愿望和想法。			
	4. 愿意用涂涂画画的形式表达自己的心愿。			
	5. 愿意和同伴一起过生日。			

续表

活动环节	评价指标	教师评价		
		真棒	很好	加油
寿星风采展示	愿意在同伴面前展示自己，能口齿清楚地唱儿歌、童谣或复述简短的故事。			
欣赏成长相册	1. 回顾自己的成长过程，感受家人对自己的爱。			
	2. 知道和自己一起生活的家庭成员及与自己的关系，体会到自己是家庭的一员，能感受到家庭生活的温暖，爱父母，亲近与信赖长辈。			
感恩父母	知道感恩父母，能用简短的话，或亲吻、拥抱等肢体语言表达对父母的爱。			
同伴祝福	收到祝福时，眼睛看着对方，并在老师的提醒下，能用礼貌用语回应同伴送出的礼物和祝福。			
分享蛋糕	1. 一起唱生日歌、分享蛋糕，感受生日氛围。			
	2. 学会分享，能在老师的提醒下将第一块蛋糕分给父母或好朋友吃。			
表达心愿	在老师和父母的帮助下，悬挂心愿卡。			

（2）其他幼儿版（以小班为例）。

活动环节	评价指标	教师评价		
		真棒	很好	加油
前期准备	1. 能用涂鸦、粘贴、拓印、剪直线等方式制作生日礼物。			
	2. 愿意参与生日会的讨论。			
	3. 愿意和同伴一起过生日。			

续表

活动环节	评价指标	教师评价		
		真棒	很好	加油
寿星风采展现	在教师提醒下，能较认真地观看同伴展示。			
欣赏成长相册	能体验成长的快乐，对生命起源充满好奇，提出关于出生、成长等方面的问题。			
同伴祝福	愿意送出自制的礼物，并说出简短的祝福，感受同伴之间友爱的温暖。			

5. “生命之花绽放节”的活动评价。

①幼儿自我评价的指标：

A. 我是否有作品或表演的展示；

B. 我用了多长时间准备自己的展示；

C. 我在准备展示过程中遇到了什么困难；

D. 我是否喜欢自己的展示；

E. 我最想展示给谁看；

F. 我最喜欢展示节的哪些方面（如环境、环节）；

G. 展示节中什么事情让我最开心、最难忘。

②教师对幼儿的评价指标：

A. 幼儿参与活动的积极性和兴趣；

B. 幼儿的已有经验水平；

C. 幼儿对活动的理解和认识；

D. 幼儿以何种方式进行展示；

E. 活动中幼儿的情绪情感状态；

F. 幼儿展示过程中的语言表达；

G. 幼儿的学习品质（专注、解决问题的能力）；

H. 幼儿在活动全程与老师、同伴、家人的互动情况。

③家长对幼儿的评价指标：

A. 是否会主动与家长分享自己的感受；

B. 做展示准备时是否会向家长求助；

C. 幼儿参与活动的状态；

D. 幼儿活动后的收获与进步。

6. 幼儿个性发展评价。

“生命教育”课程在促进幼儿全面发展的同时，注重使幼儿个体富有个性地发展，追求“让每个幼儿的生命之花绽放光彩”的理想境界。六幼设置“周绽放奖”，对幼儿的个性化发展进行过程性评价。

（1）评价方法：日常观察。

幼儿在一日生活中有何突出表现、遇到了什么问题、如何解决？我园鼓励教师及时观察、记录幼儿在一日生活的个性化表现，并对幼儿的行为进行分析评价。

（2）评价形式：周绽放奖。

为幼儿量身定制奖励项目，让每个幼儿都有机会上台领奖，发现自己的长处，发展良好的自我意识，体验生命成长的喜悦。“生命教育”课程实施至今，衍生出许多基于幼儿个性化发展的奖项，如“大白鹅坐姿奖”“主动喝水奖”“吃饭进步奖”“开心入园奖”“积极发言奖”“细心观察奖”“专注游戏奖”“小帮手奖”“会交朋友奖”“小小数学家奖”“小问号奖”“好奇探究奖”“小画家奖”“大胆表演奖”“小巧手奖”等。这一评价方式，让教师更加了解每一位幼儿的学习与发展，有利于因材施教，也能帮助家长及时发现幼儿的点滴进步，提升家长参与“生命教育”课程建设的积极性。

图书在版编目（CIP）数据

幼儿园保教质量监控指导手册/厦门市教育科学研究院基教室编；蔡蔚文主编. —2 版. —福州：福建教育出版社，2024.10（2024.11 重印）.
—ISBN 978-7-5334-9992-1

Ⅰ. G612-62

中国国家版本馆 CIP 数据核字第 2024VB8135 号

You'eryuan Baojiao Zhiliang Jiankong Zhidao Shouce

幼儿园保教质量监控指导手册

厦门市教育科学研究院基教室　编

蔡蔚文　主编

出版发行　福建教育出版社
（福州市梦山路 27 号　邮编：350025　网址：www.fep.com.cn
编辑部电话：0591-83763162
发行部电话：0591-83721876　87115073　010-62024258）

出 版 人　江金辉

印　　刷　福州印团网印刷有限公司
（福州市仓山区建新镇十字亭路 4 号）

开　　本　710 毫米×1000 毫米　1/16

印　　张　15.25

字　　数　244 千字

版　　次　2024 年 10 月第 2 版　　2024 年 11 月第 2 次印刷

书　　号　ISBN 978-7-5334-9992-1

定　　价　42.00 元

如发现本书印装质量问题，请向本社出版科（电话：0591-83726019）调换。